HEYNE FILMBIBLIOTHEK

INGRID BERGMAN

Ihre Filme - ihr Leben

von CURTIS F. BROWN

Deutsche Erstveröffentlichung

WILHELM HEYNE VERLAG
MÜNCHEN

Deutsche Übersetzung: Alfred Dunkel
Redaktion: Bernd Eckhardt

5., überarbeitete Auflage

Printed in Germany 1987
Umschlagfoto: Süddeutscher Verlag, Bilderdienst, München
Rückseitenfoto: Mario Hallhuber, München
Umschlaggestaltung: Atelier Heinrichs, München
Druck und Verarbeitung: Ebner Ulm

ISBN 3-453-86012-8

Inhalt

Danksagung

Die Fotografien in diesem Buch sind *Movie Star News* und den Sammlungen von Jerry Vermilye und Gene Andrewski entnommen. Mein besonderer Dank gilt Ted Sennett für seinen Rat und seine Ermutigung, während das Buch geschrieben wurde.

Einleitung

Einmal ein Star, immer ein Star? Nicht unbedingt. Wie viele Persönlichkeiten, die in ein paar Star-Rollen über die Leinwand geflimmert sind, haben als Stars überlebt ... falls sie überhaupt überlebt haben?

Samuel Goldwyn sagte dem Publikum, daß Anna Sten ein Star war. Daß er sich irrte, bewies er, als er sie in Zolas *Nana,* Tolstois *Resurrection* (›Auferstehung‹) und *The Wedding Night* einsetzte.

Wenn unbekannte Ausländer wie Garbo, Dietrich, Colman und Boyer zu amerikanischen Stars gemacht wurden, dann – so überlegte man – könnten es andere ebenfalls schaffen, zum Beispiel Gwili Andre, Lil Dagover, Tala Birell und Fernand Gravet.

Man irrte sich.

Aber einmal ein Superstar, dann – so scheint es – immer ein Superstar.

Garbo, Dietrich, Crawford, Davis, Gable, Tracy ... sie alle haben viele armselige Rollen unter gleichgültigen Regisseuren gespielt und mußten mit unbedeutenden Co-Stars zusammen auftreten, aber sie durften ihren Status als Superstars behalten.

Niemand hat jemals zufriedenstellend erklären können, woraus ein Superstar eigentlich besteht und welche hypnotische Macht er auf ein Publikum ausüben muß, wenn er diesen Titel behalten will. Man kann allenfalls sagen, daß Stars eine Weile funkeln können, während Superstars ewig strahlen.

Ingrid Bergman gehört zu den größten Superstars. Trotz einer ›Achterbahn‹-Karriere – sorgfältiger Aufbau als Star unter David O. Selznick, Straucheln und Schwanken während der Periode nach Selznick, künstlerisch katastrophale Allianz mit einem begabten italienischen Filmregisseur und Rückkehr zum Erfolg in Filmen unter meistens sehr schwacher Regie – wird die Bergman immer noch für eine potente Leinwandpersönlichkeit gehalten.

»Es gibt auf der ganzen Welt nur sieben Filmstars, deren Name allein genügt, um amerikanische Bankiers zu veranlassen, Geld für Filmproduktionen zu leihen«, hat Cary Grant einmal gesagt und hinzugefügt: »Die einzige Frau auf dieser Liste ist Ingrid Bergman.«

Zugegeben, eine Übertreibung; Katharine Hepburn, Bette Davis und Joan Crawford machen immer noch Filme.

Aber die Bergman ist ganz zweifellos einer dieser Stars.

Während ihrer amerikanischen Filmkarriere und auch danach bestand das Hauptproblem für die Bergman in den männlichen Hauptdarstellern, mit denen sie zusammenarbeiten mußte. Großartige Regisseure sind – wie es scheint – nicht genug. Unter Hitchcock entfesselten Ingrid Bergman und Cary Grant unvergeßliche Feuerwerke; mit Gregory Peck, Joseph Cotten und Michael Wilding wurden es nur schwache Funken. Den Zuschauern war vorstellbar, daß es eine sowohl intellektuelle als auch sexuelle Anziehungskraft zwischen Ingrid Bergman und Humphrey Bogart, Ingrid Bergman und Gary Cooper, Ingrid Bergman und Cary Grant geben konnte. Aber zwischen ihr und Anthony Quinn in *The Visit* . . . oder zwischen ihr und Anthony Perkins? Irgend etwas macht die Glaubwürdigkeit dieser Allianzen schwierig, und der Beweis ist auf der Leinwand zu sehen.

Ein breites Spektrum von Rollen deutet an, daß die Bergman stets als Exempel idealer Weiblichkeit am besten ist. Das soll keineswegs heißen, daß sie nur in jungfräulichen Rollen am besten ist. Das würde ja bedeuten, daß ihre großartigsten Darstellungen die Schwester Benedict in *The Bells of St. Mary's* (›Die Glocken von St. Marien‹) und die Jungfrau von Orleans in *Joan of Arc* (›Johanna von Orleans‹) gewesen sein müßten, was aber Lichtjahre von der Wahrheit entfernt wäre. Fairer dürfte wohl die Feststellung sein, daß Ingrid Bergman die menschlichsten, provozierendsten und geschätztesten Eigenschaften verkörpert, die wir üblicherweise mit sehr weiblichen Frauen in Verbindung bringen . . . innere Kraft, um eine zeitweilige Verwundbarkeit zu überwinden, sowie eine makellose Schönheit, die sowohl bei Männern als auch bei Frauen ankommt.

Die frühen Jahre

Einsame, verwaiste Kindheit; Flucht in die Fantasiewelt des Theaters, dann des Kinos; Ehe und Mutterschaft; internationaler Beifall als Star von erster Größe und Güte; dann erneut Flucht, diesmal in eine Schlagzeilen-Liebesaffäre mit einem bekannten Filmregisseur; internationaler Skandal und Verbannung aus Hollywood; acht Jahre und drei Ehen später Rückkehr zu jauchzenden und weinenden Zuschauermassen . . .

Das liest sich wie ein Filmdrehbuch. Ist es aber nicht. Es ist die Bergman-Story.

Ingrid Bergman wurde am 29. August 1915 in Stockholm geboren. Sie war das einzige Kind von Justus Bergman und Friedel Adler, einer Deutschen aus Hamburg, die aber bereits starb, als Ingrid gerade zwei Jahre alt war. Ihr Vater war Maler und Fotograf; er hatte ein Fotogeschäft im Erdgeschoß des Apartment-Gebäudes, in dem sie wohnten. Es lag an der Strandvägen, einer von Stockholms schönsten Straßen.

Wie Ingrid Bergman selbst berichtet, war sie ein scheues, zurückgezogenes Mädchen, das nicht viele junge Freunde hatte.

Als sie elf Jahre alt war, ein Jahr bevor ihr Vater starb, nahm er sie ins Theater mit, um sich das Stück *Patrasket* von Hjalmar Bergman (keine Verwandtschaft) anzuschauen.

Die Geschichten und Theaterstücke, die sich das Kind bis dahin in der eigenen Fantasie vorgestellt hatte, verblaßten und hielten keinem Vergleich mit dem wirklichen Geschehen auf einer richtigen Bühne stand, wo echte Leute andere Leute darstellten.

Sechs Monate nach Justus Bergmans Tod starb auch seine altjüngferliche Schwester, die Ingrid aufgezogen hatte.

Ingrid war nun wieder einmal allein und kam zum Bruder ihres Vaters. Der Onkel hatte fünf Kinder, von denen nur eins in Ingrids Alter war.

Bis zu ihrem siebzehnten Lebensjahr besuchte Ingrid eine Privatschule, das berühmte Stockholmer Mädchenlyzeum. Dort überwand sie ihre natürliche Scheu, indem sie ihren Klassenkameradinnen dramatische Gedichte vorlas; manchmal tat sie es auch für Gäste im Hause ihres Onkels.

Obwohl Ingrid für ihren dramatischen Ehrgeiz nur wenig

Ermunterung von seiten ihrer Verwandten zuteil wurde, sprach sie für die Schule des Königlichen Schauspiel-Theaters in Stockholm vor. Sie bestand die Aufnahmeprüfung, indem sie einen Abschnitt aus Strindbergs *Ein Traumspiel* vortrug, eine Komödienpassage, in der sie ein Bauernmädchen darstellte, das einen Jugendlichen neckt; außerdem trug sie einen Auszug aus Rostands *L'Aiglon* vor, eins der größten Bernhardt-Vehikel.

Nach nur einem Jahr Studium und mehreren Darstellungen in Hauptrollen (von 1933 bis 1934) wurde ihr von Schwedens führender Filmgesellschaft Svenskfilmindustrie ein Kontrakt angeboten.

Einer ihrer Klassenkameraden am Königlichen Schauspiel-Theater war Gunnar Björnstrand, der später unvergeßliche Darstellungen in Filmen von Ingmar Bergman wie *Das siebente Siegel, Persona* und vielen anderen gab.

Björnstrand erinnert sich an Ingrid Bergmans natürlichen, untheatralischen Appeal und sagt: »Sie machte den Eindruck totaler Stabilität. Sie hat Willenskraft und ein unglaubliches Gedächtnis. Lernen war für sie ein Kinderspiel.«

Dreißig Jahre später traten beide gemeinsam in einem von Ingrid Bergmans neueren schwedischen Filmen auf.

Während ihres Jahres an der Schule des Königlichen Schauspiel-Theaters lernte Ingrid Bergman bei einer zufälligen Verabredung Peter Aron Lindström kennen. Er war zehn Jahre älter als sie und bereits ein erfolgreicher, junger, stattlicher Zahnarzt, der ein Medizinstudium absolvierte, um Arzt zu werden. Lindstrom ermutigte die Bergman, das Filmangebot zu akzeptieren. Das kam ihrem eigenen Ehrgeiz entgegen und führte zu ihrem ersten Film: *Munkbrogreven* (›Der Graf von der Mönchsbrücke‹). Der Film kam 1934 in den Verleih.

Ingrid Bergman war neunzehn Jahre alt und spielte die kleine Rolle eines Hotelzimmermädchens in einer zeitgenössischen Komödie um eine Gruppe ausgelassener Leute, die eine Stadt – in diesem Falle Stockholm – auf den Kopf stellen wollen.

Kritiker der Tageszeitungen wurden auf Ingrid Bergman in ihrem Filmdebüt aufmerksam. Ein Kritiker stellte in *Folkes Dagblad* fest, daß »die Schauspielerin eine ungewöhnliche Sprechweise hat«. Ein anderer schrieb in *Svenska Dagbladet,* daß »sie ein schönes und statuenhaftes Mädchen ist«.

Im folgenden Jahr 1935 trat Ingrid Bergman in vier Filmen auf.

Im Alter von fünf Jahren mit ihrem Vater.

›Branningar‹ – ›Die Brandung‹ (1935).

In *Branningar* (›Die Brandung‹), einer Geschichte um Sinnlichkeit und Zerknirschung, spielte Ingrid Bergman die weibliche Hauptrolle: Ein Mädchen, das das uneheliche Kind eines auf Abwege geratenen Geistlichen austrägt.

Der Kritiker von *Dagens Nyheter* lobte ihre Glaubwürdigkeit in einer Rolle, die Zärtlichkeit, Treue und Ehrlichkit erforderte.

Ihr zweiter Film dieses Jahres war *Swedenhielms* (›Die Swedenhielm-Familie‹); ein häusliches Komödiendrama um ein reiches Mädchen (Ingrid Bergman), das mit dem armen Sohn eines großartigen, aber zerstreuten Wissenschaftlers verlobt ist. Der Film wurde in diesem September, einen Monat nach der Stockholmer Premiere, in New York gezeigt. Der Kritiker von *The New*

›Swedenhielms‹ ›Die Schwedenhielm-Familie‹ (1935); mit Gösta Ekman und Regisseur Gustaf Molander.

York Times sah offenbar keinen Grund, von der Darstellung der Bergman Notiz zu nehmen und sie zu erwähnen.

Aber in Deutschland berichtete *Berlin am Mittag* über die Aufführung dieses Films beim Filmfestival in Venedig. Man hob die Darstellung der Bergman wegen der emotionellen Qualität ganz besonders hervor.

Swedenhielms (›Die Swedenhielm-Familie‹) markierte ihren ersten Film unter Gustaf Molander, der auch in einigen weiteren Bergman-Filmen Regie führen würde; in letzter Zeit in *Stimulantia* (›Smycket‹), der im Jahre 1964 im Svenskfilmindustri-Studio gedreht wurde.

Ihr vierter Film, der 1935 in den Verleih kam, war *Valborgsmassoafton* (›Walpurgisnacht‹). Ihr Partner in diesem Film war Lars Hanson. (Hanson, einer von Schwedens beliebtesten Idolen in Liebesfilmen, war zusammen mit Greta Garbo in *Gösta Berling's Saga* aufgetreten; er war nach Hollywood gegangen, um mit ihr in *The Divine Woman* aufzutreten.) Zur Besetzung gehörte auch Victor Sjöström (Seastrom), der distinguierte schwedische Schauspieler/Regisseur, der für Hanson und Lillian Gish in *The Scarlet Letter* und *The Wind* Regie geführt hatte; viele Jahre später spielte er den ehrwürdigen Professor in Ingmar Bergmans *Wild Strawberries* (›Wilde Erdbeeren‹).

In *Valborgsmassoafton* (›Walpurgisnacht‹), spielt Ingrid Bergman eine Frau, die einen unglücklich verheirateten Mann liebt, dessen Ehe kinderlos geblieben ist. Die Frau begeht Selbstmord, nachdem sie einen Erpresser getötet hat, der davon gewußt hat, daß sie ein unerwünschtes Kind abgetrieben hat. Ingrid Bergman und Lars Hanson werden in einer liebevollen und fruchtbaren Ehe vereinigt.

Sjöström spielte Hansons Vater, einen Zeitungsherausgeber.

Der Film wurde von der nationalen Presse sehr gut aufgenommen.

Sechs Jahre später wurde der Film dann auch in New York gezeigt; man nutzte den Hollywood-Erfolg der Bergman aus.

New York Daily News drückte Empörung darüber aus, daß »ein Thema wie Abtreibung jemals auf die Leinwand gebannt werden müßte«; man gab allerdings auch zu, daß »dem Film eine gewisse emotionale Qualität nicht abzusprechen ist«.

Im ersten ihrer beiden 1936er Filme führte wiederum Molander Regie. Hanson war abermals der Partner der Bergman.

›Valborgsmassoafton‹ – ›Walpurgisnacht‹ (1935); mit Lars Hanson.

Pa Solsidan (›Auf der Sonnenseite‹) erzählt eine leichtgewichtige Geschichte: Die Eifersucht eines Ehemannes (Hanson) wird zufriedenstellend gestillt, als seine Schwester den Mann heiratet, dem die Eifersucht galt.

Trotz der fast zu durchsichtigen, seichten Story nahmen die schwedischen Kritiker Ingrid Bergman beinahe einhellig ans Herz und bezeichneten sie als eine Darstellerin, die »blendend schön« war und »mit starker Inspiration« schauspielerte. Sie war »als Schauspielerin und als Frau gereift, so daß man vor ihrer Schönheit und ihrem Talent einfach aufgeben muß«.

Eine Zeitung – *Nya Daglit Allehander* – zollte ihr das höchste Lob mit der Feststellung, daß die Bergman nicht nur »... (Hanson) großartig unterstützte, sondern ihm manchmal absolut ebenbürtig war«.

Charakteristischerweise drückte sich *Variety* weniger überschwenglich aus, als der Film ein paar Monate später in New York gezeigt wurde. Man gab zu, daß *Pa Solsidan* (›Auf der Sonnenseite‹) sich »als Bestseller in den ›Svensk nabes‹ erweisen sollte« und fügte hinzu, daß der weibliche Star »in Hollywood vor Anker gehen könnte«.

The New York Times war entzückt über »den natürlichen Charme von Ingrid Bergman, der jungen Stockholmer Schauspielerin, deren Stern so rapide am skandinavischen Film-Firmament aufgegangen war«.

Drei Jahre später sollte der Film *Intermezzo*, Ingrid Bergmans zweiter 1936er Film, die Schauspielerin zu diesem Hollywood-Ankerplatz bringen.

Auch bei diesem Film führte Molander sehr sensitiv Regie; auch für das Drehbuch nach seiner Originalstory zeichnete er als Coautor verantwortlich.

Ingrid Bergman spielte eine Konzertpianistin, die eine leidenschaftliche Liebesaffäre mit einem weltberühmten Geiger hat, der allerdings verheiratet und der Vater von zwei Kindern ist. Die Bergman begreift die Nutzlosigkeit dieser Verbindung und verläßt ihn, damit er zu seiner Frau, die ihm verzeiht, zurückkehren kann.

Über die Bergman war die schwedische Presse noch begeisterter als üblich.

»Ingrid Bergman fügt ihren bisherigen Siegen einen weiteren hinzu«, verkündete die *Ny Tid*.

Der Film als Ganzes wurde nicht nur wegen seine »großartigen Musik und des interessanten Konfliktes« sowie »wegen exzellenter schauspielerischer Leistung« *(Aftonbladet)* gelobt, sondern

›Intermezzo‹ (1936); mit Gösta Ekman.

Links:
›Dollar‹ (1938); mit Georg Rydeberg.

Rechts:
›En Kvinnas Ansikte‹ – ›Ein Frauenantlitz‹ (1938); mit Gunnar Sjöberg.

auch als ein Film gewürdigt, der »sowohl Svenskfilmindustri als auch dem schwedischen Film im allgemeinen zur Ehre gereicht« *(Svenska Dagbladet).*

Daß Ingrid Bergmans Import nach Amerika bevorstand und nicht unbedingt nur den Bemühungen von Selznick International zu verdanken war, ging aus einer Kritik in *Variety* hervor; darin wird festgestellt, daß »Ingrid Bergman für Hollywood bestimmt ist«.

Aber Ingrid Bergman machte zunächst noch fünf weitere Filme, bevor sie schließlich Hollywood erreichte.

Im Jahre 1937 kam kein Bergman-Film in den Verleih.

Am 10. Juli 1937 heiratete Ingrid Bergman, und zwar Peter Lindström, der sein Medizinstudium fortgesetzt hatte.

Mit ihren zweiundzwanzig Jahren war Ingrid Bergman nun schon eine erfahrene Schauspielerin, die fünf Filme gemacht hatte.

1938 trat Ingrid Bergman in drei Filmen auf. Bei zwei Filmen führte erneut Molander Regie.

Der erste Film war *Dollar*, eine Schlafzimmerfarce von Hjalmar Bergman. In diesem Film spielte die schöne Schauspielerin eine schöne Schauspielerin; das würde sie viele Jahre später wieder in *Indiscreet* (›Indiskret‹) tun. Es war ihre erste schillernde Komödie über Sitten und Moral der Wohlhabenden.

Svenska Dagbladet schrieb, daß Ingrid Bergman alle anderen Mitglieder der Besetzung ausstach, und zwar »teils wegen ihrer dominanten Rolle, die weit entfernt ist von den Rollen, die sie

›Die vier Gesellen‹ (1938); mit Hans Söhnker.

üblicherweise spielt«. Der Kritiker machte auch eine Bemerkung über Ingrid Bergmans »strahlendes Aussehen«.

Der zweite 1938er Film war *En Kvinnas Ansikte* (›Ein Frauenantlitz‹). Dieser Film versetzte Ingrid Bergman in die Lage, sowohl das Böse als auch das Gute im Extrem darzustellen. Als Erpresserin mit entstelltem Gesicht unterzieht sie sich erfolgreich einer Plastikchirurgie bei einem berühmten Arzt. Durch diesen Vorgang wird sie nicht nur in eine schöne Frau verwandelt, sondern auch geistig wiedergeboren. Bis zum entscheidenden Punkt befolgt sie den Befehl ihres diabolischen Mentors, dessen reichen, jungen Neffen zu ermorden, um ein Vermögen zu erben. Im allerletzten Moment erschießt die Bergman jedoch den Bösewicht.

So lächerlich sich das alles anhören mag, so gab es von diesem

Film drei Jahre später ein Remake, und zwar in einem von Joan Crawfords Abschiedsfilmen als MGM-Star.

Unter George Cukors erfahrener Regie verwandelten Joan Crawford, Melvyn Douglas und Conrad Veidt ein unwahrscheinliches Script in einen unwiderstehlich unterhaltsamen Film. (Man überlegt, ob Ingrid Bergmans schwedische Version vielleicht einen der albernsten Dialoge der Filmgeschichte enthalten haben könnte. Veidt fragt die Crawford, ob sie Musik liebt . . . »Symphonien, Konzerte«? Sie antwortet mit Crawford-Selbstsicherheit: »Ein paar Symphonien. Hauptsächlich Konzerte.«)

Sowohl die schwedischen als auch die amerikanischen Kritiker urteilten freundlich über *En Kvinnas Ansikte* (›Ein Frauenantlitz‹).

Stockholms-Tidningen nannte den Film »erstklassig«.

The New York Times stellte 1939 fest, daß »diese kosmetische Gewaltkur eine Überraschung war, und nicht unbedingt eine unglückliche«. Es wurde hinzugefügt: »Die schöne Ingrid Bergman . . . ist bereits von Hollywood entdeckt worden und wird in Kürze in Mr. Selznicks *Intermezzo* zu sehen sein.«

Am 20. September 1938, einen Monat vor dem schwedischen Verleih von *En Kvinnas Ansikte* (Ein Frauenantlitz), wurde Friedel Pia Lindström geboren. Während dieser Zeit sagte Ingrid Bergman zur schwedischen Presse: »Warum sollte eine Schauspielerin keine Kinder haben? Das ist doch vollkommen natürlich.«

Die vier Gesellen, der als Ingrid Bergmans dritter Film 1938 in den Verleih kam, wurde für die UFA in Deutschland gemacht. (Zwischen den Filmen besuchte Ingrid Bergman manchmal die Verwandten ihrer Mutter in diesem Land. Mit ihrem ausgeprägten Sprachtalent lernte sie Deutsch sprechen und lesen.)

Es handelt sich um eine ähnliche Story, wie sie Twentieth Century-Fox in den dreißiger und vierziger Jahren viele Male verwendet hat: Eine Gruppe energischer Junggesellinnen tut ihre Talente und Geldmittel zusammen, um das eine oder andere Unternehmen in Gang zu bringen (im Falle des Bergman-Films eine Werbeagentur) und angelt sich im Verlauf turbulenter Ereignisse Ehemänner. Variationen in *Die vier Gesellen.* Eins der

›En Enda Natt‹ – ›Nur eine Nacht‹ (1939); mit Edvin Adolphson.

Mädchen begeht eine sexuelle Indiskretion und sieht sich gezwungen, ihren Freund zu heiraten; ein anderes Mädchen verläßt die Agentur, um Künstlerin zu werden.

Ingrid Bergman spielt die Geschäftspartnerin, die sich am längsten gegen eine Ehe stemmen kann, aber auch sie gibt schließlich nach.

Zu den Nebendarstellern gehörte der fünfundsechzigjährige Leo Slezak, der großartige deutsche Tenor und Vater des Schauspielers Walter Slezak.

Was diesen Routinefilm betrifft, so vermochten nicht einmal die schwedischen Kritiker viel Begeisterung für ihre Lieblingstochter aufzubringen.

Aftonbladet: »Geschwätzig und uninteressant.«

Svenska Dagbladet: »Zu langatmig und dürftig, um echtes Interesse wecken zu können.«

Social-Demokraten fand die Bergman »selbstsicher, elegant und frisch wie ein Gänseblümchen«, verabfolgt die schauspielerischen Ehren aber unerwarteterweise an Ursula Herking . . . »ein dunkles, häßliches Mädchen«; sie spielte die Rolle der hochstrebenden Malerin.

Im Jahre 1939 führte Gustaf Molander wiederum Regie bei dem Film *En Enda Natt* (›Nur eine Nacht‹). In dieser gepflegten Komödie spielt Ingrid Bergman ein reiches Society-Girl, das sich den Annäherungsversuchen eines Zirkusangestellten widersetzt, einem unehelichen Sohn ihres reichen Vormunds. Am Ende kehrt der junge Mann zum Rummelplatzleben und seiner Geliebten zurück. Der Plan des Vaters, den Sohn durch eine Verbindung mit dem Mündel zu bessern, hat nicht geklappt.

Heute erscheint uns die Story harmlos genug, aber in den dreißiger Jahren war sie doch einigermaßen freimütig und gewagt, da sie sich mit außerehelichem Sex und Unehelichkeit beschäftigt.

In der Kritik, die in *Social-Demokraten* erschien, wurde bereits der Rollentyp angedeutet, in dem sich Ingrid Bergman als Meisterin erweisen würde: »Bergman in der Rolle eines Mädchens der Oberschicht repräsentiert eine seltene Art von Frau mit erotischen Komplexen. Miß Bergman spielt diese Rolle mit großer Finesse.«

In ihrer Hollywood-Karriere trat die Schauspielerin mehrmals als ein nach außenhin properes Mädchen (oder als Matrone) auf, während sie innerlich vom Feuer der Leidenschaft verzehrt wurde: *Intermezzo: A Love Story; Casablanca; Indiscreet* (›Indiskret‹) und *The Yellow Rolls-Royce,* (›Der gelbe Rolls-Royce‹), um einige Beispiele zu nennen.

Ingrid Bergmans letzter Film vor ihrer Abreise in die Vereinigten Staaten war *Juninatten* (›Eine Juninacht‹). Als der Film 1940 in Schweden in den Verleih kam, hatte Ingrid Bergman bereits bei Selznick unterschrieben, die Starrolle in seinem Remake von *Intermezzo,* ihrem 1936er Erfolg, zu spielen.

In *Juninatten* (›Eine Juninacht‹) bekam die Bergman wieder einmal die Rolle einer Frau, der Unrecht zugefügt wird. Als sie hofft, eine Affäre beenden zu können, entgeht sie nur knapp dem Tod, als ihr Liebhaber in der Absicht, sich selbst zu töten, versehentlich die Geliebte trifft. Bei der Gerichtsverhandlung erklärt sie die wahren Umstände und trägt so dazu bei, daß der Mann mit einer leichteren Strafe davonkommt. Anschließend ist die Bergman gezwungen, die Stadt zu verlassen. Alles endet glücklich, als die Bergman jetzt in Stockholm den richtigen Mann zum Heiraten findet.

(In diesem Film trat auch Alf Kjellin auf, dessen Darstellung in *Torment* (1944) ihm den Weg nach Hollywood ebnete; die spannende Story dieses Dramas wurde von Ingmar Bergman geschrieben.)

Hätte die Bergman nicht ohnehin beinahe unausweichlich glühende Kritiken für ihre Darstellungen bekommen, so könnte man fast vermuten, daß die Lobpreisungen, mit denen *Juninatten* (›Eine Juninacht‹) überhäuft wurde, als ein Abschied für Schwedens beliebtesten weiblichen Star beabsichtigt waren. Als dieser Film in den Verleih kam, war Ingrid Bergman bereits in Hollywood eingetroffen, um eine neue Phase ihrer Karriere zu beginnen.

Wenn man Ingrid Bergmans schwedische Filmkarriere betrachtet, so wird offensichtlich, daß diese Schauspielerin die Fähigkeit und Kraft der Persönlichkeit besaß, um viele ihrer Filme besser aussehen zu lassen, als sie in Wirklichkeit waren. Ihre gewinnende Schönheit sowie ihre Zuversicht in allen ihren Rollen strahlten gewissermaßen auf den restlichen Film aus und ließen ihn zu einem besseren Triumph werden, als er eigentlich verdient hatte.

Ingrid Bergmans anerkanntes Talent, jeder von ihr gespielten Rolle Glaubwürdigkeit verleihen zu können (und in einigen ihrer

›Juninatten‹ – ›Eine Juninacht‹ (1940).

Hollywood-Filme wurde sie schon recht merkwürdig, wenn auch nicht gerade falsch eingesetzt), findet seine Wurzeln im breiten Bereich der Rollen, die von der Schauspielerin während ihrer schwedischen ›Lehrzeit‹ gespielt werden mußten . . . von unschuldigen Mädchen, die noch nichts von der Welt wußten, bis hin zu Frauen, die sehr viel Welterfahrung besaßen.

Hollywood-Star

Seit New Yorker Filmkritiker – zumindest diejenigen, die einige Importe der ›Svensk nabes‹ gesehen hatten – von der strahlenden Schönheit und dem unverkennbaren Schauspieltalent einer schwedischen Schauspielerin namens Ingrid Bergman schwärmten, war es klar, daß irgend jemand in Hollywood sich um einen Vertrag mit ihr bemühen würde. Glücklicherweise beschloß ein unternehmungslustiger, selbständiger Produzent, die Bergman nach Amerika zu holen.

Im Sommer 1938 war David O. Selznick bereits eifrig mit seinen Plänen beschäftigt, *Gone With the Wind* (›Vom Winde verweht‹) zu verfilmen. Elsa Neuberger, seine New Yorker Story-Redakteurin und Talentsucherin, machte ihn auf eine junge Schauspielerin aufmerksam, die sie in einem schwedischen Film mit dem Titel *Intermezzo* gesehen hatte.

Selznick hatte die Produktion von *The Prisoner of Zenda* und *Nothing Sacred,* die zu den 1937er Kassenschlagern gehörten, persönlich beaufsichtigt, desgleichen *The Adventures of Tom Sawyer,* der ein paar Monate früher in diesem Jahr herausgekommen war; dabei hatte der angesehene Produzent sein Personal wissen lassen, daß er daran interessiert war, neues Starmaterial für seine Produktionsfirma Selznick International zu erwerben.

Selznick schaute sich persönlich *Intermezzo* an. Die romantische Story gefiel ihm genauso gut wie das, was er »die Kombination von aufregender Schönheit und frischer Reinheit« der Hauptdarstellerin nannte. Er beauftragte Kay Brown, seine New Yorker Redakteurin, nach Stockholm zu reisen und Miß Bergman – oder, wie sich herausstellte, Mrs. Peter Lindström, Ehefrau eines Zahnarztes und Mutter eines kleinen Mädchens – zu überreden, nach Hollywood zu kommen und in einer englischsprachigen Version von *Intermezzo* aufzutreten.

Zunächst wollte Ingrid Bergman nur höchst ungern ihre Familie verlassen. Das intensive Medizinstudium ihres Mannes erlaubte ihm nicht, sie zu begleiten; Pia war noch zu jung, um eine so lange Reise mitzumachen.

Aber am Ende ließ sie sich doch überzeugen; dazu trug vor allem bei, daß David O. Selznick ihr nicht den üblichen Sieben-

›Intermezzo: A Love Story‹ – ›Intermezzo‹ (1939); mit Cecil Kellaway und Leslie Howard.

jahresvertrag anbot, sondern ihr den Vorschlag machte, nur in diesem einen Film aufzutreten. Sollte sie damit Erfolg haben, könnte sie ja in einem Jahr ihre Familie nachkommen lassen.

Ingrid Bergman war einverstanden und traf im Frühjahr 1939 allein in Hollywood ein, um die Arbeit aufzunehmen.

Am Anfang seiner Verbindung mit Ingrid Bergman hatte Selznick Bedenken, die im *Intermezzo*-Remake einzusetzen. Zwar bewunderte er ihre nordische Schönheit und ihre warme,

›Intermezzo: A Love Story‹ – ›Intermezzo‹ (1939); mit Leslie Howard.

sensitive Leinwandpersönlichkeit, aber er schwankte doch, so daß er zunächst daran dachte, Loretta Young und Charles Boyer neben anderen im Remake einzusetzen. Aber da Selznick sich für Leslie Howard entschieden hatte, der zu dieser Zeit Ashley

Wilkes in *Gone With the Wind* (›Vom Winde verweht‹) darstellte, trieb Selznick dann doch seine Pläne voran, *Intermezzo* für Ingrid Bergmans Filmdebüt in Amerika zu benutzen.

An einem Punkt dachte er auch daran, ihren Namen in Ingrid

›*Intermezzo: A Love Story*‹ – ›*Intermezzo*‹ (*1939*); *mit Edna Best.*

Lindström abzuändern, aber dann hielt er diesen Namen nicht für einprägsam genug. Außerdem wollte die Bergman ihren Profi-Namen behalten; immerhin hatte sie fünf Jahre investiert, um diesen Namen in ganz Schweden bekannt zu machen.

Mit ihrer natürlichen Begabung für Sprachen lernte Ingrid Bergman sehr rasch Englisch, zumal sie in Ruth Roberts eine sehr erfahrene Lehrerin hatte, die als MGM-Lehrerin erst kürzlich Hedy Lamarr gedrillt hatte. Ingrid Bergmans Sprachkenntnisse besserten sich während der Dreharbeiten zu *Intermezzo.*

Inzwischen hatte sich Selznick dafür entschieden, diesem Film den Titel *Intermezzo: A Love Story* zu geben, um beim Publikum keine Verwirrung darüber entstehen zu lassen, was ›*Intermezzo*‹ bedeutete oder sein könnte.

Aber man schrieb jetzt das Jahr 1939. Zwar war die Romanze zwischen dem verheirateten Geiger und der Konzertpianistin idyllisch, aber es mußte klar herausgestellt werden, daß die von Ingrid Bergman gespielte Frau im Grunde ihres Wesens schlecht war, mochten ihre Gefühle für den von ihr geliebten Mann auch noch so zärtlich sein.

Die Zuschauer mußten daran erinnert werden, daß Ehebruch unglückliche Konsequenzen hat.

Am Wendepunkt des Films, als die Bergman ihrem Geliebten entsagt, wird sie von John Halliday als Leslie Howards Vertrautem darauf hingewiesen: »Sie haben sich rücksichtslos etwas genommen. Dafür müssen Sie bezahlen. Es wird Sie mehr kosten, als Sie annehmen!« Worauf die Bergman schlicht und einfach erwidert: »Ich bin dazu bereit.«

Je weiter die Dreharbeiten im Sommer 1939 fortschritten, desto beeindruckter und entzückter war Selznick über Ingrid Bergmans offensichtliche Fähigkeit, hart und lange zu arbeiten. Die junge Schauspielerin war mit ganzem Herzen bei der Sache, um den Film zu einem Erfolg zu machen.

Als der Film im Oktober 1939 in den Verleih kam, wurde er auch zu einem sehr großen Erfolg.

The New York Times berichtete: »Bei Miß Bergman gibt es dieses Weißglühen, diesen geistigen Funken, der uns glauben läßt, daß Selznik wieder eine große Dame der Leinwand gefunden hat.«

Als der Film (unter dem Titel *Escape to Happiness)* drei Monate später in London uraufgeführt wurde, schrieb der Autor Graham Greene in seiner Kritik für *The Spectator:* »Der Film ist in der Hauptsache wegen des neuen Stars Miß Ingrid Bergman, sehenswert. Miß Bergman ist so natürlich wie ihr Name. Welcher Star vor ihr hat seinen ersten Auftritt auf der internationalen Leinwand jemals mit einer glänzenden Nasenspitze gemacht? Dieses Glänzen ist typisch für eine Darstellung, die überhaupt nicht den Eindruck von Schauspielerei macht, sondern lebensecht wirkt . . . ohne Make-up!«

Leslie Howard war nicht nur der etablierte Star des Films, sondern auch gleichzeitig Produktionsassistent. Edna Best spielte die betrogene Ehefrau. Aber neben der spontaneren jungen

Schauspielerin wirkten die beiden anderen einstudiert und theatralisch.

Es wäre auch eine Überraschung gewesen, wenn es anders gewesen wäre.

Selznick hatte alles so arrangiert, daß das gesamte Remake ein fast buchstäbliches Duplikat des ursprünglichen Schweden-Erfolgs wurde.

Wer beide Versionen, die schwedische und die amerikanische, sieht, reibt sich wahrscheinlich unwillkürlich die Augen.

Der Regisseur Gregory Ratoff (er ersetzte William Wyler) hatte ganz spezifische Anweisungen von Selznick, Molanders *Intermezzo* Szene für Szene genauestens zu kopieren.

Sogar das seelenvolle Musikthema aus dem Original-*Intermezzo* wurde beibehalten . . . klugerweise, wie sich dann herausstelte, denn die aufpeitschende Melodie, die Heinz Provost für Violine und Orchester komponiert hatte (stark an ein Leitmotiv in Wagners *Tristan und Isolde* erinnernd), wurde in Verbindung mit dem englischen Text von Robert Henning zu einer nationalen Lieblingsweise.

Ingrid Bergmans Klaviervortrag von Christian Sindings *Rustle of Spring* inspirierte in ganz Amerika eine Wiederbelebung dieses semiklassischen Pianowerkes.

Nachdem Selznick über seine optimistischsten Hoffnungen hinaus einen großen Star gestartet hatte, präsentierte er seiner ›Entdeckung‹ einen Siebenjahresvertrag.

Aber Selznick, ein ungewöhnlich literaturbeflissener und fantasievoller Mann, war sehr verlegen um ein passendes Vehikel für seinen Star. Der kultivierte Produzent, der getreuliche Fassungen von *David Copperfield, Anna Karenina, A Tale of Two Cities* und *Rebecca* geschaffen und auf die Leinwand gebracht hatte, hätte für seinen neuen Star vielleicht mit einer Filmversion von Ibsens *Nora oder ein Puppenheim* oder vielleicht *Hedda Gabler* aufwarten können.

Ingrid Bergman selbst überredete Selznick schließlich dazu, doch wenigstens einmal in Betracht zu ziehen, die Geschichte der Jeanne d'Arc zu verfilmen. Es war schon lange der Ehrgeiz dieser jungen Schauspielerin gewesen, einmal in dieser Rolle aufzutreten. Aber im 2. Weltkrieg waren die Briten nun einmal Amerikas Alliierte; eine geschichtsgetreue Abhandlung über das Leben der Heiligen würde die Engländer in ungünstigem Licht erscheinen lassen müssen. Diese Idee mußte also – zumindest was Selznick International betraf, fallengelassen werden.

Eine strahlende Persönlichkeit und talentierte Schauspielerin hatte Amerika im Sturm erobert. Aber zwei Jahre lang passierte für die Bergman nichts . . . beim Film.

Selznick war nicht imstande, für seinen jetzt langfristigen Vertragsstar eine anspruchsvolle Produktion zu schaffen. So wurde Ingrid Bergman die nächsten Jahre ›ausgeliehen‹. Das formte teils ihre Karriere, trug aber auch ganz wesentlich dazu bei, daß die Bergman impulsiv mit dem Hollywood-System brach, als sie von ihrem Selznick-Vertrag frei war.

Als Ingrid Bergman im Januar 1940 von einem fünfmonatigen Urlaub bei ihrer Familie in Schweden nach Amerika zurückkam, brachte sie ihre Tochter Pia mit, die jetzt anderthalb Jahre alt war. Peter Lindstrom war inzwischen Arzt geworden und arbeitete als Professor an der Schwedischen Königlichen Akademie für Medizin. So war es ihm wiederum nicht möglich, seine Frau zu begleiten, da er im wehrpflichtigen Alter war und auf einem Kontinent lebte, auf dem der Krieg tobte.

Da Ingrid Bergman zunächst nicht in Hollywood gebraucht wurde, blieb sie in New York. Sie wurde aber immer unruhiger, weil Selznick keine definitiven Pläne für sie hatte.

Aber dann schickte Vinton Fredley, der eine Wiederbelebung von Ferenc Molnars berühmtem Stück *Liliom* plante, der jungen Schauspielerin das Drehbuch. Er hoffte, daß sie bereit sein würde, die weibliche Hauptrolle der Julie zu übernehmen, eines Wiener Mädchens, das einen gemeinen Rummelplatzausrufer liebt.

Mit Selznicks Erlaubnis (seiner Ansicht nach würde wenigstens der Name der Schauspielerin wieder einmal in der Öffentlichkeit erscheinen) akzeptierte die Bergman dieses Angebot.

Burgess Meredith spielte die Titelrolle, und die Freundschaft mit ihm während der drei Monate, die das Stück laufen sollte (von März bis Mai 1940), ist eine der angenehmsten Erinnerungen für Ingrid Bergman.

»Er pflegte mich ›du große Schwedin‹ zu nennen«, erinnerte sie sich später. »Und ich lachte und liebte es.«

Die Kritiker waren von Ingrid Bergmans amerikanischem Bühnendebüt entzückt. »Es ist nett, Miß Bergman bei uns zu haben«, schrieb Burns Mantle in *New York Daily News.* »Sie ist ehrlich, sensitiv und sorgfältig geschult.«

›Adam Had Four Sons‹ (1941); mit Johnny Downs, Helen Westley, Warner Baxter und Susan Hayward.

Brooks Atkinson schrieb in seiner Kritik in der *New York Times* begeistert: »Miß Bergman erhält die Rolle vollkommen am Leben und erhellt sie von innen heraus mit leuchtender Schönheit.«

Im September dieses Jahres gab Selznick wider besseres Urteilsvermögens den Bitten der Bergman nach, sie in einem weiteren Film auftreten zu lassen, bevor ihr Ruhm verblaßte und das Publikum sie vergaß.

Mit finanziellem Profit für Selznick International wurde Ingrid Bergman an Columbia Pictures ausgeliehen. Der schwedische Star konnte die Arbeit am Film *Adam Had Four Sons* beginnen.

Dieser Film war zwar in jeder Hinsicht reine Routine, aber es war immerhin der erste Film, den die Bergman seit über einem Jahr wieder machen durfte.

Regie führte abermals Gregory Ratoff.

Adam Had Four Sons stellte sich als Enttäuschung heraus. Einziges positives Merkmal war Ingrid Bergmans Rückkehr auf die Leinwand. Hervorzuheben wäre allenfalls noch die charakteristisch gute Darstellung von Helen Westley.

Die Handlung spielt im ersten Viertel dieses Jahrhunderts und dreht sich um Emilie Gallatin (Ingrid Bergman), eine französische Gouvernante, die von einer amerikanischen Familie engagiert wird; diese Familie besteht aus Adam Stoddard (Warner Baxter), seiner kränkelnden Frau Molly (Fay Wray) und den Söhnen Jack (Richard Denning), David (Johnny Downs), Chris (Robert Shaw) und Phillip (Charles Lind). Nach Mrs. Stoddards Tod gerät die

›Adam Had Four Sons‹ (1941); mit Warner Baxter.

Familie in finanzielle Schwierigkeiten. Emilie, die inzwischen zu einem geliebten Bestandteil der Familie geworden ist, muß widerstrebend entlassen werden.

Jahre später, als die Söhne erwachsen sind und die Stoddards es wieder zu Wohlstand gebracht haben, wozu ihnen die kluge, alte Kusine Philippa (Helen Westley) verholfen hat, wird Emilie erneut als Haushälterin eingestellt. David Stoddard hat inzwischen Hester (Susan Hayward) geheiratet, ein leichtfertiges Flittchen, das einen der Schwäger verführt und dadurch beinahe ihre Ehe ruiniert. Emilie will jedoch lieber als schlechtes Frauenzimmer gelten, als daß Adam die Wahrheit erfährt; also gibt sie sich als Verführerin aus. Aber später treibt es Hester zu weit und wird als wahre Ursache des häuslichen Mißklangs entlarvt. Schließlich wird Emilie in den wonnigen Ehestand erhoben, als Adam, der bisher keinerlei sichtliches Interesse an ihr verraten hatte, sie fragt: »Möchtest du meine Erbschaft nicht mit mir teilen?« Zwar schaffte es Ingrid Bergman, diesen Sturm im Wasserglas mit Ernst und Strenge hinter sich zu bringen, aber es ist kaum ein Film, der ihrem Talent angemessen wäre; er war auch ihrem Ruf oder ihrem Status als Selznick-Star nicht sonderlich förderlich. Dieser Film stellt eher einen Rückfall in ihre unbedeutenderen schwedischen Filme dar.

Adam Had Four Sons hatte im März 1941 Premiere. *The New York Times* schrieb darüber: »Ingrid Bergmans Darstellung ist zürckhaltend und verständnisvoll.« Aber der Film selbst wurde sehr treffend als »antiquiertes Rührstück« bezeichnet.

Ingrid Bergmans natürliche, starke persönliche Präsenz kontrastiert peinlich mit Baxters lauwarmer Darstellung in einer nicht minder lauwarmen Rolle.

Wenn der Zuschauer einmal nicht seine Aufmerksamkeit dem gräßlichen Spektakel widmet, daß die Bergman jahrzehntelang in Baxter verknallt ist, dann kann er sich mit unwahrscheinlichen Texten amüsieren. So sagt die Hayward zur Bergman, nachdem die beiden sich erst vor kurzem kennengelernt haben: »Woran denkt eine Frau eingentlich, wenn sie den Ozean überquert, um die Gouvernante von vier erwachsenen Männern zu werden?«

Im November 1940 – Ingrid Bergman hatte vor wenigen Tagen erst ihre Rolle in diesem Film abgeschlossen – wurde sie an MGM ausgeliehen, um in einer Filmversion von James Hiltons Roman *Rage in Heaven* (›Gefährliche Liebe‹) aufzutreten.

›Rage in Heaven‹ – ›Gefährliche Liebe‹ (1941); mit Robert Montgomery und George Sanders.

Die Aussichten waren vielversprechend. Von diesem britischen Schriftsteller waren bereits *Lost Horizon* und *Goodbye, Mr. Chips* auf die Leinwand übertragen worden. Kritiker und Publikum hatten beide Filme mit Beifall aufgenommen. Die Worte ›nach einem Roman von James Hilton‹ hatten beachtliche Anziehungskraft für Millionen Leser zeitgenössischer Dichtung. Nicht so im Fall des immer noch unterschätzten *We Are Not Alone;* einem düsteren, aber packenden Warner-Brothers-Film aus dem Jahre 1940, in dem Paul Muni – wie viele behaupten – seine sensitivste Darstellung geboten hatte.

Rage in Heaven (›Gefährliche Liebe‹) war jedoch kein populärer Erfolg. Wie gerüchtweise verlautete, sollte Ingrid Bergmans Co-Star Robert Montgomery von MGM ›bestraft‹ werden, indem

›Rage in Heaven‹ – ›Gefährliche Liebe‹ (1941); mit George Sanders.

man ihn in diesem mit niedrigem Budget ausgestatteten ›Wegwerf‹-Film einsetzte.

(Montgomery hatte in der Öffentlichkeit wenig schmeichelhafte Wahrheiten über die Filmindustrie ausgesprochen.)

Die Regie bei *Rage in Heaven* (›Gefährliche Liebe‹) wurde W. S. Van Dyke II übertragen; er war dafür bekannt, eine Story sehr schnell und mit viel geringerem finanziellen Aufwand zu verfilmen, als es Regisseure taten, die sich etwas mehr Mühe gaben.

Rage in Heaven (›Gefährliche Liebe‹) wurde keineswegs schlampig hergestellt, aber das niedrige Budget machte sich doch sehr stark bemerkbar, auch wenn Van Dyke fast acht Wochen für die Dreharbeiten benötigte.

Zugunsten des Films muß gesagt werden, daß er nicht nur zwei attraktive ›Namen‹ aufzuweisen hatte, sondern auch von bloßer Routine abwich, indem George Sanders als Held und Lucile Watson in ihrer üblichen Rolle als verbindliche, junonische Matrone präsentiert wurden.

Rage in Heaven (›Gefährliche Liebe‹) spielt im zeitgenössischen England und beschäftigt sich mit der Desintegration eines Paranoikers namens Philip Monrell (Robert Montgomery), Erbe eines industriellen Vermögens, aus einem französischen Nervensanatorium entsprungen, wo er sich ohne Wissen seiner Mutter einer Behandlung unterzogen hatte. Er kehrt nach England zurück und heiratet Stella Bergen (Ingrid Bergman), die Sekretärin und Gesellschaftsdame seiner Mutter. Er fühlt sich seinem stabilen, attraktiven Freund Ward Andrews (George Sanders) unterlegen und unternimmt den Versuch, das Familienunternehmen zu leiten. Seine Unfähigkeit in industriellen Dingen löst Unruhe unter den Angestellten aus. Aber Ward gelingt es, dank seiner Tüchtigkeit einen Fabrikaufstand zu verhindern. Philip versucht erfolglos und unentdeckt, Ward zu ermorden. Inzwischen ist Philip aber auch wahnsinnig mißtrauisch auf seine Ehefrau geworden; er bildet sich ein, daß sie und Ward ein Liebesverhältnis miteinander haben. Um diese eingebildete Liaison zu zerstören, bringt er sich eine Stichwunde bei und will es so aussehen lassen, als hätte Ward es getan. Aber das erweist sich für Philip als verhängnisvoll. Nachdem Ward wegen dieses ›Verbrechens‹ verurteilt wurde, besucht Stella den französischen Psychiater Dr. Rameau (Oscar Homolka), der Philip behandelt hatte. Sie kann die Beweise beibringen, um Ward zu rechtfertigen.

So melodramatisch dieser Film auch sein mag, so hat er doch eine effektiv düstere Atmosphäre, die an einige der besten schwedischen Filme dieser Darstellerin erinnert: *Valborgsmassoafton* (›Walpurgisnacht‹), *En Kvinnas Ansikte* (›Ein Frauenantlitz‹) und *Juninatten* (›Eine Juninacht‹).

Zusätzlich ergeben Ingrid Bergman und Robert Montgomery eine interessante Kombination. Seine stählerne Kühle in der Andeutung kaum gebändigten Wahnsinns ergänzt Ingrid Bergmans überzeugende Darstellung einer liebenden, aber blindlings loyalen Ehefrau.

Sanders läßt seine amüsante, oberflächliche Manieriertheit fallen und steuert eine aufrechte, männliche Darstellung bei.

Aber auch dieser Film war ganz klar nur ein Zeitfüller für die Bergman, bis Selznick einen Stoff finden konnte, der ihre Talente voll zur Entfaltung bringen würde. Es mußte endlich wieder einmal ein Film her, in dem Ingrid Bergman mehr tun konnte, als kaum glaubwürdigen Situationen wenigstens etwas Glaubwürdigkeit zu verleihen.

Überraschenderweise tritt der üblicherweise geschickte und treffende Dialog des britischen Autoren Christopher Isherwood, der mit Robert Thoeren am Drehbuch zusammenarbeitete, nirgendwo so recht in Erscheinung. Der Film *Rage in Heaven* (›Gefährliche Liebe‹) kann eigentlich nur einen einzigen literarischen Anspruch erheben, und er betrifft den Titel; eine fragwürdige Anspielung auf die Verse des Dichters William Blake:

A Robin Redbreast in a cage
Puts all heaven in a rage.

Rage in Heaven (›Gefährliche Liebe‹) wurde im März 1941 in New York uraufgeführt, eine Woche vor *Adam Had Four Sons.*

Harald Tribune beklagte die auffällige Vergeudung von Ingrid Bergman: »Wenn ihr großes Talent noch viel länger von unserer Filmindustrie übersehen wird, kann man dies nur als sehr dunklen Punkt bezeichnen.«

»In meinen drei ersten Hollywood-Filmen mußte ich immer die gleiche Art von Frau spielen«, erinnerte sich Ingrid Bergman bei ihrer Rückschau auf ihren verbissenen Kampf, die leichtfertige Frau in *Dr. Jekyll and Mr. Hyde* (›Arzt und Dämone‹) spielen zu dürfen. »Ich hatte das Gefühl, daß ich endlich eine Veränderung brauchte. Ich wollte unbedingt etwas spielen, in das ich mich verbeißen konnte.«

Sie bekam es. Nachdem sie *Rage in Heaven* (›Gefährliche Liebe‹) vollendet hatte, erfuhr sie nach einer Ruhepause von einer Woche im Dezember 1940 von ihrem nächsten Auftrag: Sie sollte an MGM ausgeliehen werden und Spencer Tracys reine Verlobte im Big-Budget-Remake von Robert Louis Stevensons Klassiker spielen. Ingrid Bergman widersetzte sich, weil sie sich nicht in eine Schablone pressen lassen wollte.

›Dr. Jekyll and Mr. Hyde‹ – ›Arzt und Dämon‹ (1941); mit Spencer Tracy.

»Ich möchte die Prostituierte spielen!« sagte sie zu Selznick, Tracy und Regisseur Victor Fleming.

Lana Turner, die bei MGM unter Vertrag stand und auf eine große Karriere vorbereitet werden sollte, beherzigte den ›Ratschlag‹ des Studios und tauschte mit Ingrid Bergman die Rollen.

Ingrid Bergmans entschiedene Beharrlichkeit erwies sich als ein Wendepunkt in ihrer Karriere. Hätte sie die unschuldige Heldin gespielt, wäre ihr auch das zweifellos prächtig gelungen. Aber indem sie die Rolle der verkommenen Barfrau verlangte und bekam (ursprünglich für Lana Turner vorgesehen), konnte sie mit Bravour die Darstellung bringen, die Tracy von ihr erwartet hatte.

›Dr. Jekyll and Mr. Hyde‹ – ›Arzt und Dämon‹ (1941); mit Spencer Tracy.

Damit erwachte zugleich ihre schlafende Karriere zu vibrierendem Leben.

Es läßt sich zwar nur schwer mit Bestimmtheit sagen, aber man neigt doch zu der Vermutung, daß es nicht Selznicks, sondern Ingrid Bergmans Kampf war . . . und auch ihr Sieg. Es gibt einige Hinweise darauf, daß es eine Kombination aus der Sturheit der jungen Schauspielerin und Tracys verständnisvollem Mitgefühl für die Situation seiner Kollegin war, die schließlich die Flut zugunsten der Bergman wendete.

Wie Ingrid Bergman sagt, hatte Tracy nachdrücklich darauf bestanden, mit ihr Probeaufnahmen für die Rolle der Ivy Peterson machen zu lassen. Wie sich die Bergman erinnert, sagte Tracy nach dem Test zu Regisseur Fleming: »Du brauchst den Film nicht zu entwickeln, Vic. Sie ist unsere Ivy, und du mußt ihr diese Rolle geben!«

Fleming drehte *Dr. Jekyll and Mr. Hyde* (›Arzt und Dämon‹) mit beachtlichem Risiko.

Rouben Mamoulians Version zehn Jahre vorher hatte Fredric March einen Academy Award als ›Bester Schauspieler‹ eingebracht.

Die technischen Effekte waren (und sind immer noch) erstaunlich; lediglich Marchs Make-up in den letzten Phasen von Hydes Transformation war etwas zu affenartig. Aber alles in allem war es ein Film, der nur sehr schwer zu übertreffen sein dürfte.

Aber Fleming, der soeben bei *Gone With the Wind* (›Vom Winde verweht‹) Regie geführt hatte, wollte unbedingt auch diesen Film machen. Er verlangte Tracy für die Doppelrolle.

Der Schauspieler wußte allerdings, daß er weder psychologisch noch physisch die richtige Besetzung für einen schmucken Londoner Weltmann war, der sich in ein Ungeheuer verwandelt. Aber er gab – menschlich verständlich – den Schmeicheleien der Studio-Gewaltigen nach, daß ein so großer und bedeutender Star wie er doch gar nichts falsch machen könnte. Aber sie irrten sich.

Im London der 1880er Jahre glaubt Dr. Henry Jekyll (Tracy), daß es in allen Menschen gute und böse Kräfte gibt. Mit seiner Idee empört er Sir Charles Emery (Donald Crisp), den Vater seiner Verlobten Beatrix (Lana Turner). Noch an diesem Abend sucht Dr. Jekyll nach einer Bestätigung für seine Theorie. Er begegnet der Barfrau und Prostituierten Ivy Peterson (Ingrid Bergman) und begleitet sie in ihre schäbige Unterkunft.

Dr. Jekyll and Mr. Hyde‹ – ›Arzt und Dämon‹ (1941); als Barmädchen Ivy Peterson.

Das Mädchen nimmt an, daß es sich um einen Kunden handelt. Erfolglos versucht sie, den guten Doktor zu verführen.

Später trinkt Dr. Jekyll in seinem Labor neben seinem Haus ein Elixier, das ein hemmungsloses und bösartiges *Alter ego* freisetzt. Als Mr. Hyde kehrt er wiederholt zu Ivy zurück und geht immer grausamer mit ihr um. Ivy konsultiert schließlich den freundlichen Dr. Jekyll, um von Mr. Hyde loszukommen. Sie kann nicht voraussehen, daß Jekyll sich als Hyde an diese Besuche erinnern und sich darüber ärgern wird. Nun wird er als Hyde noch gewalttätiger gegen Ivy und ermordet sie schließlich.

Jekyll ist nicht in der Lage, die Hyde-Manifestation zu beherrschen und zu kontrollieren. So verwandelt er sich in Gegenwart von Sir Charles unwillkürlich in Mr. Hyde. Um das Geheimnis zu bewahren, tötet er Sir Charles. Bei der Verfolgung durch die Polizei wird er überwältigt und getötet. Im Tode nimmt er zum Entsetzen aller seine ›wahre‹ Identität als Dr. Jekyll wieder an.

Bei der Herstellung dieses Films scheuten Studio und Regisseur keine Kosten. Die Kulissen waren teuer, Adrians Kostüme sehr schön. Aber die für den Film aufgewendete Fantasie war anmaßend, und John Lee Mahins Drehbuch war eher absurd als gruselig.

In den 1940ern begann Hollywood Freud ›zu entdecken‹, und MGM wollte seinen Beitrag dazu leisten.

Peter Ballbusch entwarf ›Montage‹-Sequenzen, um die Ambivalenz in Jekyll/Hydes unterbewußtem Kampf zwischen Beatrix Emery, der reinen Verlobten, und Ivy Peterson, dem Objekt von Hydes erotischer Besessenheit, zu symbolisieren. In diesen Zwischenspielen wurde Beatrix als weiße Blume symbolisiert, während Ivy in einer Schlammgrube herumwaten mußte.

Nicht einmal Joseph Ruttenbergs geniale Fotografie vermochte zu verhüllen, wie schwerfällig hier versucht wurde, Freud allgemein verständlich darzustellen.

Ingrid Bergmans Darstellung war eine *tour de force* und eine Enthüllung für die Zuschauer, die sie bisher nur in ihren früheren amerikanischen Filmen gesehen hatten.

The New York Times hob die Schauspielerin als Glanzlicht des Films hervor: »Die junge schwedische Schauspielerin beweist wieder einmal, daß ein glänzendes Talent sich manchmal über eine unmöglich geschriebene Rolle erheben kann . . . Von allen Darstellern hat sich nur Miß Bergman mit einigem Anstand hervorgetan.«

Ihre Flirt-Szenen mit Tracy als Jekyll sind eine beachtliche Mischung aus erotischer Koketterie und bedauernswerter Verwundbarkeit; ihre Höhepunkt-Szenen mit dem bestialischen Mr. Hyde sind in ihrer Projektion von Angst und Panik wahrhaft erschreckend und entsetzlich.

Ironischerweise wurde dieser Film, der ursprünglich als Vehikel für Tracy geplant war, um dessen grenzenlose Vielseitigkeit als Schauspieler zu demonstrieren, statt dessen zu einem persönlichen Triumph für Ingrid Bergman.

Nachdem ihre Arbeit in *Dr. Jekyll and Mr. Hyde* (›Arzt und

Dämon‹) Ende Februar 1941 abgeschlossen war, befand sich Ingrid Bergman wieder einmal ›zwischen Filmen‹. Sie hatte in einem halben Jahr drei Filme hintereinander gemacht. Jetzt konnte sie sich ihrem Ehemann anschließen. Seit dem vergangenen Herbst hatte Dr. Lindström an der University of Rochester, New York, Neurochirurgie studiert. Ingrid Bergman zog mit ihrer Tochter Pia dorthin, und die Lindström-Familie war für eine Weile miteinander vereinigt.

Aber schon nach etwa einem Monat fand Ingrid Bergman das Leben einer Arztfrau entnervend.

»Es ist schrecklich, monatelang herumzusitzen und zu versuchen, irgend etwas zu finden, was man tun kann«, erinnerte sie sich später. »Ich konnte den Grund für so lange Arbeitsunterbrechungen nicht verstehen. David Selznick war zu wählerisch und penibel; nichts war ihm gut genug. Entweder war die Story nicht richtig für mich, oder die Rolle war nicht groß genug. Mich dagegen kümmerte es überhaupt nicht, wie kurz eine Rolle war, solange es eine gute Rolle war.«

Während Ingrid Bergman in diesem Frühjahr Kay Brown, Selznicks rechte Hand an der East Coast, in New York besuchte, drängte sie Selznick, endlich mehr Arbeit für sie zu finden. Da fiel dem Produzenten etwas ein. Da es im Moment an passenden Filmrollen für die Schauspielerin fehlte, dachte er daran, sie in einer Bühnen-Wiederaufführung von Eugene O'Neills *Anna Christie* einzusetzen. Für die Titelrolle war die Bergman wie geschaffen.

Zu dieser Zeit arbeitete John Houseman, der vor ein paar Jahren mit Orson Welles zusammen das sensationell erfolreiche Mercury Theatre gegründet hatte, eine Saison lang am Lobero Theatre in Santa Barbara, um für Selznick International Darsteller und Scripts zu entwickeln.

Phyllis Isley Walker, später als Jennifer Jones bekannt, probierte am Lobero ihr Talent in dem neuen Einakter von William Saroyan *(Hello, Out There)* aus; die junge Schauspielerin war Selznicks neueste Entdeckung.

Houseman erinnert sich: »Es war eine Freude, mit Ingrid Bergman zu arbeiten. Sie war eifrig, leidenschaftlich, gut vorbereitet und gab mir alles, was ich von ihr verlangte . . . nur nicht das Gefühl, daß Anna krank, verdorben und zerstört war. Man war überzeugt, daß sie unter dem modernen Rock gestärkte, saubere, duftende Unterwäsche trug. Es war ein Erfolg ... mit einer echten Hollywood-Premiere, die von Selznick inszeniert wurde.«

Die Wiederaufführung des Stückes hatte im Juli 1941 in Santa Barbara Premiere. Im folgenden Monat wurde es am Curran Theatre in San Francisco gespielt. Im September führte Margaret Webster im Maplewood Theatre, New Jersey, Regie.

In einer Kritik über diese Produktion schrieb *The New York Times:* »Miß Bergman, eine exzellente Schauspielerin und eine reizende junge Frau, stellte eine interessante und mitunter rührende Anna dar.«

Danach hatte Ingrid Bergman wiederum nichts zu tun. Sie setzte Selznick zu, ihr endlich Beschäftigung zu verschaffen.

Damals machte erneut eine der ehemals so populären Hollywood-Fragen die Runde: »Wer wäre wohl die perfekte Schauspielerin für die Rolle von ...?«

Paramount suchte nach der ›perfekten‹ Schauspielerin für die Rolle der Maria in der bevorstehenden Leinwandversion von Ernest Hemingways Bestseller *For Whom the Bell Tolls* (›Wem die Stunde schlägt‹). Durch die aktive Publicity-Abteilung wurde die Öffentlichkeit über die Entwicklung auf dem laufenden gehalten.

Ingrid Bergman wollte diese Rolle haben. Selznick spürte, daß sie mit kurzgeschorenem Haar und ihrem üblichen Minimum an Make-up eine glänzende Guerillaheldin, von der Sonne dunkel gebräunt und vom Wind zerzaust, sein würde, wie sie in diesem Roman, der im spanischen Bürgerkrieg spielt, dargestellt wurde.

Selznick begann eine Kampagne, um Paramount zu überreden, Ingrid Bergman diese Rolle zu geben.

»Ich werde nicht eher ruhen, bis Sie diese Rolle bekommen haben«, sagte er ihr.

Paramount war jedoch nicht interessiert. Jedermann stimmte darin überein, daß man beim Studio mit Gary Cooper die ideale Besetzung für Robert Jordan gefunden hatte. Cooper hatte auch bereits einen entsprechenden Vertrag unterschrieben.

Aber Ingrid Bergman war Schwedin und wirkte zu ladylike, sagten die Studiogewaltigen. Daran vermochte auch ihre vieldiskutierte Darstellung einer niedrig geborenen Londonerin in *Dr. Jekyll and Mr. Hyde* (›Arzt und Dämon‹) nichts zu ändern.

›Casablanca‹ (1942); mit Direktor Michael Curtiz.

Selznick arrangierte ein Treffen mit Ernest Hemingway in San Francisco. Der Autor übergab der Schauspielerin ein Exemplar seines Romans mit der Widmung: *Für Ingrid Bergman; sie ist die Maria dieser Story.*

Selznick publizierte diese Begebenheit. Er war überzeugt, damit die Sache zu einem für ihn günstigen Abschluß bringen zu können.

Monate verstrichen. Schließlich kündigte Paramount an, daß man Vera Zorina für die Rolle der Maria verpflichtet hatte; eine üppige, kühle, elegante, in Berlin geborene norwegische Ballerina, die Schauspielerin geworden war.

Ingrid Bergman war zutiefst enttäuscht. Dankbar akzeptierte

›*Casablanca*‹ (*1942*); *mit Dooley Wilson und Humphrey Bogart.*

sie ein Angebot von Warner Brothers, als Costar in einem Film mit Humphrey Bogart aufzutreten, der sehr schnell zur besten Trumpfkarte des Studios wurde.

Selznick beharrte auch weiterhin darauf, daß Ingrid Bergman die Maria in *For Whom the Bell Tolls* (›Wem die Stunde schlägt‹) spielte. Er sagte sogar voraus, daß es ihr mindestens eine Nominierung für einen Academy Award einbringen würde.

Der Film, den Ingrid Bergman und Humphrey Bogart gemeinsam machten, verwandelte beide über Nacht in Superstars.

Und dieser Film war *Casablanca.*

Die Handlung des Films beginnt im Jahre 1940 nach der Niederlage von Frankreich. Flüchtlinge aus Hitlers Europa fliehen nach Casablanca, wo sie hoffen, Ausreisevisa nach Lissabon zu erhalten und von dort aus in die Vereinigten Staaten zu gelangen. Ein ausgebürgerter Amerikaner names Rick Blaine (Humphrey Bogart) betreibt ein internationales Café, in dem sich die Flüchtlinge zusammenfinden, um Nachrichten oder auch nur Gerüchte zu hören . . . eben alles, was einer Flucht vor den verfolgenden Nazis dienlich sein könnte. Heinrich Strasser (Conrad Veidt), ein Nazi-Major mit einer Vorliebe für Kaviar und Champagner, kommt nach Casablanca, um den Mörder von zwei deutschen Kurieren zu suchen, die wichtige Papiere bei sich hatten. Ugarte (Peter Lorre), ein nervöser Informant, hat diese Papiere und beschwört Rick, sie zu verstecken. Ugarte wird von der Polizei erschossen. Captain Lous Renault (Claude Rains), Casablancas opportunistischer Polizeipräfekt, arbeitet mit Strasser zusammen. In Casablanca sind ferner noch Victor Laszlo (Paul Henreid), ein bedeutender tschechischer Widerstandsführer, und seine Ehefrau Ilsa (Ingrid Bergman). Sie brauchen unbedingt Visa, um nach Amerika zu gelangen, wo Laszlo seine Anti-Nazi-Arbeit fortsetzen könnte.

In einer Rückblende wird gezeigt, daß Rick und Ilsa Liebhaber waren, kurz bevor Paris von den Deutschen besetzt wurde. Die beiden hatten geplant, aus Paris noch vor Eintreffen der Deutschen zu fliehen, aber Ilsa hatte aus einem nicht näher definierten Grund Rick im Stich gelassen. Laszlo versucht, vom öligen Señor Ferrari (Sydney Greenstreet) Visa zu bekommen. Ferrari ist der Besitzer vom Blue Parrot Café und Beherrscher des schwarzen Marktes von Casablanca. Er schickt die Laszlos zu Rick, den er verdächtigt, die Transitschreiben zu besitzen, die Ugarte zurückgelassen hatte. Ilsa bittet Rick um dieses Schreiben, aber er erinnert sich voller Bitterkeit an Paris und lehnt ab. Obwohl Ilsa ihn immer noch liebt, ist sie vor Verzweiflung nahe daran, ihn wegen dieser Papiere zu töten. Sie erklärt, damals geglaubt zu haben, Laszlos Witwe zu sein, als sie ihre Affäre mit Rick hatte. Sie hatte angenommen, daß ihr Mann in einem Konzentrationslager ums Leben gekommen war. Als sie erfahren hatte, daß er noch lebte, hatte sie Rick verlassen, um zu ihrem Mann zurückzukehren.

Rick sagt Ilsa, daß sie beide diese Transitschreiben benutzen werden. Er legt Renault herein, indem er ihn glauben läßt, ihm Laszlo in die Hände spielen zu wollen, um den Widerstandskämpfer an Strasser ausliefern zu können. Dafür soll Renault Rick und Ilsa aus Casablanca entkommen lassen. Am Flughafen eröffnet Rick dann Renault, daß die Laszlos Casablanca verlassen werden. Obwohl Rick und Ilsa sich immer noch lieben, überzeugt er sie, daß Laszlos Arbeit wichtiger ist. Strasser bekommt einen Tip von Renault und trifft auf dem Flugplatz ein, um die Flucht der Laszlos zu verhindern. Aber Rick erschießt Strasser. Renault ist gerührt von Ricks persönlichem Opfer und verhaftet ihn nicht.

Ein zwingendes Script von Julius und Philip Epstein und Howard Koch sowie Michael Curtiz' geschickte Regie lenken die Aufmerksamkeit raffiniert von der schwachen Story ab. Vor allem aber macht die Zusammenbringung der beiden Costars *Casablanca* unbestreitbar zu einem der besten Bergman-Filme, der auch am meisten geschätzt und mit Beifall bedacht wurde.

Falls es noch eines Beweises dafür bedarf, daß die Bergman/Bogart-Kombination dem Film das spezielle Gepräge gab, so braucht man nur daran zu denken, daß ursprünglich Ann Sheridan und Ronald Reagan als Ilsa und Rick vorgesehen waren; Dennis Morgan hatte Laszlo, den tschechischen Freiheitskämpfer, spielen sollen.

Die feminine nordische Bergman und der dunkle, amerikanische rauhe Bursche Bogart waren weit mehr, als nur ein Leinwand-Liebespaar, deren berufliche Aufgabe es war, die Hoffnungen eines Filmstudios auf eine Kinokassen-Bonanza zu erfüllen. Gemeinsam schufen diese beiden Darsteller zwei unvergeßliche Typen, deren zwischenmenschliche Beziehungen immer wieder faszinieren.

Bogart strahlt trotz aller Schroffheit überzeugend die Weltmüdigkeit eines intellektuellen Idealisten aus, der verbittert geworden ist. Rick schmuggelte Waffen nach einem geschlagenen Äthiopien. Wie Robert Jordan in *For Whom the Bell Tolls* (›Wem die Stunde schlägt‹), so kämpfte auch Rick vergeblich gegen Francos Faschisten. Er verliebte sich in eine Frau, die ihn enttäuschte und im Stich ließ. Kein Wunder also, daß sein Motto für die meisten Filmaktionen lautet: »Ich stecke für niemanden

den Kopf in die Schlinge ... und die einzige Sache, an der ich noch interessiert bin, das bin ich!« Er findet geistigen Balsam im zynischen Charakter der von Rains dargestellt wird (»ich hänge den Mantel nach dem Wind; und der günstige Wind ist im Moment nun mal zufällig Vichy.« Oder: »Ich bin nur ein armer korrupter Beamter.«). Kameradschaft findet Rick bei Sam (Dooley Wilson), der in Ricks Café Klavier spielt.

Auf der anderen Seite hat Ingrid Bergman die schwierige Rolle. Sie muß eine empfindsame Frau spielen, die verzweifelt zwischen Liebe und Pflicht hin und her gerissen wird. Ihr ehemaliger

›Casablanca‹ (1942); mit Sydney Greenstreet und Paul Henreid.

›Casablanca‹ (1942); mit Claude Rains, Paul Henreid, Humphrey Bogart.

Liebhaber (Bogart) hat sich verändert. Er hat sich dafür entschieden, nur noch für den Augenblick zu leben. Sollten andere, wenn sie wollten, sich doch zugrunde richten. Das war ihm völlig gleichgültig. Dagegen ist ihr Ehemann (Henreid) ein leidenschaftlicher Idealist und Nazigegner.

Daß Ingrid Bergmans glühende Darstellung glaubwürdig und menschlich den Tumult widerspiegelt und ausstrahlt, den sie durchleben muß, weil sie sich zu zwei so entegegengesetzten Temperamenten hingezogen fühlt, ist ein ausgezeichneter Beweis dafür, daß sie als Schauspielerin bestens ausgebildet ist und über große Kraft verfügt. In keiner anderen Rolle hat sie jemals so gut demonstriert, daß sie durchaus fähig ist, eine Frau darzustellen, die für Liebe empfänglich ist, die aber gleichzeitig ein sehr starkes Gefühl für ethische Verpflichtung besitzt.

Das Bergman/Bogart-Gespann funktioniert, weil beide uns überzeugen, daß zwei intelligente, gefühlsbetonte Menschen, die sich als Erwachsene in einer Liebesaffäre sehr stark zueinander hingezogen fühlen, durch Ereignisse entfremdet werden können, auf die sie weder einen Einfluß noch irgendeine Kontrolle ausüben können.

Die eingeblendeten Pariser Szenen, die kurz vor der Nazi-Invasion stattfinden, werden vor symbolischem, musikalischem Hintergrund gespielt (*Perfidia* wechselt ab mit *Deutschland, Deutschland über alles*). Die Idylle wird durch Bombardement erschüttert. (»War das eben Kanonendonner?« fragt Ingrid Bergman an einer Stelle Humphrey Bogart. »Oder pocht mein Herz nur so stark?«) Das Anfachen der alten Flamme, wenn auch gegen den Willen der beiden ehemaligen Liebhaber, wird dadurch sympolisiert, daß Wilson widerstrebend noch einmal das schöne Lied aus ihren Pariser Tagen spielt: *As Time Goes By*.

Am Ende des Films befassen sie sich auf reife Weise und ihrem Charakter entsprechend mit einer Situation, die anders nicht überzeugend hätte gelöst werden können. (Natürlich hätte Veidt melodramatisch Henreid töten und so zum Märtyrer machen können, um den Liebhabern den Weg zu ebnen, gemeinsam zu einem Happy-End zu fliegen; das wäre zwar ein konventioneller, aber auch vollkommen enttäuschender Schluß des Filmes gewesen.)

In einem TV-Interview erinnerte sich Ingrid Bergman daran, wie schwierig es doch gewesen war, während der Dreharbeiten von *Casablanca* nach einem improvisierten Drehbuch arbeiten zu müssen. Häufig wußte die gesamte Besetzung an einem Tag noch nicht, welche Situationen oder Dialoge es am nächsten Tag geben würde. Niemand von ihnen wußte, wie die komplizierte Story gelöst werden würde; das wurde erst klar, als die letzte Szene gedreht wurde. Zweifellos trug diese Atmosphäre des Experimentierens ganz wesentlich dazu bei, daß die Darsteller sehr überzeugend die Unsicherheit der von ihnen gespielten Charaktere, die ja auch nicht wußten, was aus ihnen noch werden würde, widerspiegeln konnten. (Trotz dieser Scriptprobleme bekamen die Autoren einen Academy Award für das ›Beste Drehbuch‹ dieses Jahres.)

Casablanca spielt vor dem apokalyptischen Hintergrund verzweifelter politischer Flüchtlinge, die in eine Welt der Intrige und des Verrats geraten. Es gibt viele widerwärtige Charaktere und viele zynische Bemerkungen über die Lügenhaftigkeit menschlichen Verhaltens. Trotzdem ist dieser Film fast so etwas wie eine Hymne auf die Zähigkeit des menschlichen Geistes.

Arthur Edisons raffinierte Beleuchtungstechnik und Fotografie – stets tiefe Schatten und grelles Scheinwerferlicht, mit Ausnahme der zu Recht voll ausgeleuchteten Pariser Liebesszenen – spiegelt das Dilemma der Frau wider, die von Ingrid Bergman gespielt wird. Am Schluß des Films verschwindet sie in den schimmernden Nebel und läßt auf dem regengepeitschten Rollfeld einen Bogart zurück, der durch das gemeinsame Opfer wiedergeboren wird.

The New York Times faßte die Essenz von *Casablanca* wie folgt zusammen: »Die Warners haben hier einen Film, bei dem es den Zuschauern kalt über den Rücken rieselt. Oder das Herz tut unwillkürlich einen Sprung ... Die knisternden Dialoge, die in diesen Film gepackt wurden ... gehören zu den besten ... Die Darstellung der Schauspieler ist von allererster Klasse, besonders aber die schauspielerische Leistung von Miß Bergman und Mr. Bogart ... Einer der aufregendsten und aufwühlendsten Filme des Jahres.«

Es ist wirklich ein Jammer, daß Ingrid Bergman und Humphrey Bogart nie mehr zusammen auftraten. Unter Curtiz' Regie (er bekam dafür einen Academy Award) brachte einer die Qualitäten des anderen zum Tragen.

Im Sommer 1942 waren *Casablanca* und *For Whom the Bell Tolls* (›Wem die Stunde schlägt‹) fast gleichzeitig in Produktion gegangen.

Bald verlautete gerüchtweise, daß es mit Vera Zorina nach zweiwöchiger Dreharbeit nicht als Maria klappte, wie Paramount es sich erträumt hatte. Es sprach sich sehr schnell herum, daß der kurze Haarschnitt, den diese Rolle nun einmal erforderte, den fein gemeißelten Gesichtszügen dieser Schauspielerin nicht gut bekam.

So schluckte das Studio seinen Stolz und setzte sich mit Selznick in Verbindung: Würde Ingrid Bergman nach Abschluß der Dreharbeiten für *Casablanca* (›Casablanca‹) Ende August für die Rolle der Maria zu haben sein?

›For Whom the Bell Tolls‹ – ›Wem die Stunde schlägt‹ (1943); als Maria.

Selznick vertrat die Ansicht, daß Ingrid Bergman nach Beendigung des Films bei Warners eine zweiwöchige Ruhepause verdient hatte.

Aber Ingrid Bergman war entschlossen, sich diese Chance nicht entgehen zu lassen. Sie bestand darauf, sich schon einen Tag nach Abschluß von *Casablanca* bei Paramount zur Arbeit melden zu können.

Unter Selznicks Aufsicht bekam sie einen kurzen Haarschnitt, der ihr aber sehr gut zu Gesicht stand, dann begab sie sich schleunigst in die High Sierras von Kalifornien, wo Außenaufnahmen gemacht wurden.

Die gesamte Besetzung, die komplette Mannschaft und Regisseur Sam Wood erwarteten sie. Zwei Monate lang, bis Ende Oktober 1942, verliefen die Dreharbeiten glatt und reibungslos. Die Produktion von *For Whom the Bell Tolls* (›Wem die Stunde schlägt‹) war in vollem Gange und konnte zuversichtlich und vertrauensvoll fortgesetzt werden.

Die Story spielt in der Ära des spanischen Bürgerkrieges im Jahre 1937. *For Whom the Bell Tolls* (›Wem die Stunde schlägt‹) schildert das Schicksal von Robert Jordan (Gary Cooper). Er kämpft als Freiwilliger auf der Seite der Loyalisten (›Republikaner‹), die sich den faschistischen Revolutionären (›Nationalisten‹) widersetzen. Er wird einer Gruppe von Guerillas zugeteilt und soll ihnen helfen, eine Brücke zu sprengen, um den Vormarsch der Falangisten in der Nähe von Segovia zu bremsen.

Jordan hegt zwar ernsthafte Zweifel in bezug auf dieses Unternehmen, aber er beschließt, den Plan trotz alledem durchzuführen.

Die Gruppe der ländlichen, spanischen Kämpfer besteht aus ihrem Anführer El Sordo (Joseph Calleia); dem schwachen, trunksüchtigen ehemaligen Anführer Pablo (Akim Tamiroff); seiner herrschsüchtigen Frau Pilar (Katina Paxinou), die eine Quelle großer Kampfkraft und derben Humors ist. Zur Gruppe gehört ferner Maria (Ingrid Bergman), ein Mädchen, dessen Eltern hingerichtet wurden; der Vater war Bürgermeister der Heimatstadt dieser Gruppe und Widerstandskämpfer. Das Mädchen war Opfer vielfacher Vergewaltigungen.

Anfangs wehrt sich Jordan noch dagegen, daß er sich zu Maria hingezogen fühlt. (»Du mußt das verstehen, Maria. Ich stecke in dieser Sache bis zum Ende drin. Ich kann nichts anderes

›For Whom the Bell Tolls‹ – ›Wem die Stunde schlägt‹ (1943); mit Akim Tamiroff, Gary Cooper, Katina Paxinou, Vladimir Sokoloff, Arturo de Cordova.

Ernsthaftes in meinem Leben haben.«) Aber die beiden verlieben sich trotzdem ineinander. Sie können ein paar Stunden gemeinsamer Leidenschaft genießen. Danach verläßt Jordan die Guerillas, um seinen Auftrag durchzuführen; eine Aufgabe, die – wie er sehr wohl weiß – mit seinem Tod enden wird. Er tröstet sich mit dem Wissen, daß er und Maria in ihrer selbstlosen Liebe füreinander eine gewisse menschliche Würde behauptet haben.

Daß es für eine achtundzwanzigjährige schwedische Schauspielerin überhaupt nicht unpassend zu sein scheint, ein spanisches Bauernmädchen von neunzehn Jahren zu spielen, bestätigt die Persönlichkeit von Ingrid Bergman sowie des Publikums Bereitwilligkeit, sie als eine Künsterlin von beachtlicher Vielseitigkeit

›For Whom the Bell Tolls‹ – ›Wem die Stunde schlägt‹ (1943); mit Gary Cooper, Katina Paxinou und Arturo de Cordova.

zu akzeptieren. Man findet es auch nicht unglaubwürdig, daß Schauspieler mit schwerem Akzent – der eine russisch, die andere griechisch – Spanier spielen, wenn diese Rollen von so talentierten, reifen, theatererfahrenen Leuten wie Tamiroff und Paxinou dargestellt werden. Für ihre Rolle der Pilar bekam die Paxinou mit Recht einen Oscar als ›Beste Nebendarstellerin‹.

Aber unter der handwerklichen und nicht sonderlich bemerkenswerten Regie von Sam Wood ist Gary Cooper nicht gerade in Bestform. In einer Rolle, die ihm keine Gelegenheit gibt, seine größte Stärke zu entfalten – sein Talent für trockenen Humor und jungenhaften Charme –, scheint der Schauspieler weniger ein dem Untergang geweihter, antifaschistischer, amerikanischer

Idealist namens Robert Jordan zu sein, sondern eher ein dem Untergang geweihter, antifaschistischer, amerikanischer Idealist in der Rolle von Gary Cooper.

Dudley Nichols Drehbuch (Louis Bromfield hatte eine frühere Fassung geschrieben) hält sich in Ton und Inhalt bemerkenswert getreulich an Ernest Hemingways machtvolles Werk. Aber diese Originaltreue hatte ihre Vor- und Nachteile. Der Leser des Romans akzeptiert ohne weiteres die elementare Einfachheit von Hemingways mokant spanischer Redeweise, solange man sie eben nur mit dem inneren Ohr wahrnimmt. Aber wenn alles laut ausgesprochen wird, und sei es auch von geschickten Schauspielern, dann hört es sich schon wesentlich weniger authentisch an.

Der erste Wortwechsel zwischen Ingrid Bergman und Gary Cooper ist effektiv.

»Wie heißt du denn?« fragt Cooper die Bergman.

»Maria. Und du?«

»Roberto. Bist du schon lange hier?«

»Drei Monate. Man hat mir in Valladolid den Kopf geschoren.«

Hier ist der Text ausreichend kurz, um nicht abzulenken.

Zugunsten der Bergman kann festgestellt werden, daß ihr mädchenhafter Appeal, mit dem sie ihre Rolle durchtränkt, sie auch erfolgreich ihre berühmte Ansprache an Cooper halten läßt: »Oh, Roberto . . . ich . . . ich weiß doch gar nicht, wie man küßt, sonst würde ich dich jetzt küssen. Nur . . . wohin mit den Nasen? Ich habe schon immer überlegt, wohin beim Küssen die Nasen sollen! Ich dachte immer, daß sie im Wege sein würden.«

Auf der anderen Seite war nicht einmal Cooper trotz seiner Fähigkeit, durch Textimprovisation den Realismus zu erhöhen, diesmal recht imstande, viel aus seiner wichtigen Ansprache zur Bergman zu machen, worin er seine Anwesenheit im Bürgerkriegsspanien erklärt: »Die Nazis und Faschisten sind doch genauso stark gegen die Demokratie, wie sie gegen die Kommunisten sind. Sie benutzen dein Land doch nur als Übungsgelände für die Kriegsmaschinerie . . . für ihre Panzer und Sturzkampfbomber und so weiter.«

Derartig peinliche Texte helfen *For Whom the Bell Tolls* (›Wem die Stunde schlägt‹) wahrhaftig nicht, über Jahre hinweg Interesse an diesem Film wachzuhalten.

Dagegen bleiben Ingrid Bergmans zuvor zitierte ›Nasen‹-Ansprache und triviale Details wie Tamiroffs »Willst du mich etwa provozieren, Inglès? Ich lasse mich nicht provozieren«! stark in Erinnerung.

Der Film mit einer Spieldauer von nahezu drei Stunden (die Handlung erstreckt sich auf nicht ganz drei Tage) wurde unter Ray Rennahans Aufsicht in den kalifornischen High Sierras ansprechend in Technicolor gedreht. Die echten Außenaufnahmen und die im Studio nur simulierten ›Exteriors‹ sind ausgezeichnet aufeinander abgestimmt; ein komplizierter und mühsamer Vorgang, der mit viel Geschick vom Produktionsdesigner William Cameron Menzies durchgeführt wurde.

Ingrid Bergmans erster Auftritt in einem Farbfilm bringt zum erstenmal auch viel mehr von ihrer natürlichen Schönheit auf die Leinwand. Auf der anderen Seite mindert Technicolor trotz aller Farbenpracht den Eindruck, den herbe Schwarzweiß-Kinematografie vielleicht der grimmigen Realität der Hemingway-Story hätte verleihen können. Schäbige Armut, spartanisches Heldentum und staubiger Tod neigen dazu, hinter spektakulären visuellen Effekten erst an zweiter Stelle zu kommen.

For Whom the Bell Tolls (›Wem die Stunde schlägt‹) leidet ernsthaft unter der zusammengeschnittenen Version, die im Fernsehen gezeigt wird. Der Zuschauer braucht die ausgelassenen Szenen, um die erzählerische Absicht des Films verstehen zu können. (Das schließt z. B. auch die Filmrolle André Massart ein, dargestellt von George Coulouris.)

Als Ergänzung zu einer sehr starken Besetzung und zu einem Script, das zwar einige von Hemingways Hauptanliegen umgeht, aber doch noch seinem Stil gerecht wird, sowie zu einem szenischen Glanz von möglicherweise zu überwältigender Pracht weist der Film auch noch eine atmosphärisch sehr starke Musik von Victor Young auf . . . mitreißend, aufwühlend, manchmal auch rührend oder gespenstisch.

Kritiker James Agee bemängelte in *The Nation* die Verballhornung der politischen Aspekte in Hemingways Roman, aber er erklärte: »Miß Bergman zeigt nicht nur eine erschreckende Ähnlichkeit mit einem vorstellbaren menschlichen Wesen; sie versteht es wirklich, zu schauspielern, und zwar in einer Mischung aus postischer Anmut und stillem Realismus. So etwas erscheint sonst fast nie in amerikanischen Filmen . . . Mit ihrem Geständnis, vergewaltigt worden zu sein, schafft sie es exquisit, beim Zuschauer auf die Tränendrüsen zu drücken. Ihre letzte

Bei der Premiere der Hemingway-Verfilmung.

Abschiedsszene ist erschütternd anzusehen . . . Sie scheint wirklich studiert zu haben, was eine junge Frau fühlen und wie sie in einer solchen Situation aussehen könnte . . . Es ist ungeheuerlich und wunderbar anzuschauen!«

Bosley Crowther stellte in *The New York Times* fest: »Ingrid Bergman und Gary Cooper sind gut, allerdings in ihren Gelegenheiten sehr eingeschränkt. Miß Bergman ist vielleicht eine Schattierung zu fröhlich.«

For Whom the Bell Tolls (›Wem die Stunde schlägt‹) ist ein Film, der viel von seiner Kraft, Zuschauer zu rühren und zu packen, aus hart kontrastierenden Themen bezieht: Da ist die tragische Notwendigkeit, vielleicht nutzlos um der Freiheit willen zu sterben; ihr gegenüber steht die flüchtige Zeit, die uns für ein intensives persönliches Gefühl vergönnt ist.

»Wieviel Zeit haben wir eigentlich noch?« fragt Maria.

»Ein ganzes Leben lang, Maria«, antwortet Robert Jordan.

Für ihre Darstellung in diesem Film wurde Ingrid Bergman für einen Academy Award als ›Beste Schauspielerin‹ des Jahres 1943 nominiert. Damit erfüllte sie Selznicks Versprechen.

Den Oscar bekam allerdings Jennifer Jones für ihre Darstellung in *The Song of Bernadette.*

Während des 2. Weltkriegs machte Ingrid Bergman – wie so viele Stars – Tourneen durch die Vereinigten Staaten, um die Bemühungen der Regierung um Kriegsanleihen zu unterstützen. Sie besuchte Militärlager, um die Soldaten zu unterhalten.

Im Februar 1943 reiste sie mit ihrer vierjährigen Tochter Pia und einem Dienstmädchen nach Minneapolis, um *Swedes in America* zu machen, einen Dokumentarfilm über das Leben von Amerikanern schwedischer Abstammung in einem Land, das sich im Kriegszustand befand. Dieser kurze Propagandafilm wurde im Auftrag des Kriegsministeriums hergestellt und sollte vor allem im neutralen Schweden gezeigt werden.

Was Verleihdaten von Bergman-Filmen betrifft, so gibt es an dieser Stelle chronologische Komplikationen.

Während des Krieges lief die Filmproduktion in Hollywood ständig auf Hochtouren, um das Unterhaltungsbedürfnis kampfmüder Soldaten zu befriedigen oder um die Öffentlichkeit von einschneidenden Kriegsmaßnahmen wie Rationierung und von düsteren Schlagzeilen abzulenken.

Wegen der Prioritäten und Restriktionen der Regierung stand Filmmaterial hoch im Kurs. Deshalb ›horteten‹ viele Studios – vor allem Warner Brothers – ihre kompletten Top-Budget-Filme. Da man nicht wissen konnte, wie lange dieser Krieg dauern würde, hielt man eine Produktionsreserve zurück, um die Filme allmählich und nach und nach an die Theater zu verleihen.

Filme wie *Rhapsody in Blue,* 1945 freigegeben, und *Devotion,* 1946 freigegeben (beides Warners-Filme), waren schon lange vorher gedreht worden, mitunter zwei bis drei Jahre früher.

In chronologischer Reihenfolge gesehen, machte Ingrid Bergman nach *For Whom the Bell Tolls* (›Wem die Stunde schlägt‹) im Frühjahr 1943 den Film *Saratoga Trunk* (›Spiel mit dem Schicksal‹). Kopien dieses Films wurden zur Aufführung für die bewaffneten Streitkräfte freigegeben, aber die zivile Öffentlichkeit bekam ihn erst zu sehen, als er auf beschränkter Basis im Jahre 1945 in den Verleih kam. Der allgemeine Verleih erfolgte erst im Frühjahr 1946.

Bis dahin aber hatte die Bergman noch drei weitere Filme gemacht: *Gaslight* (›Gaslicht‹), *The Bells of St. Mary's* (›Die Glocken von St. Marien‹) und *Spellbound* (›Ich kämpfe um dich‹).

Selznick bemühte sich sehr stark bei den betreffenden Studios (MGM, RKO und United Artists), diese Filme in gewissen Zeitabständen herauszubringen, um größere Kassenerfolge zu gewährleisten. Aber *The Bells of St. Mary's* (›Die Glocken von St. Marien‹), *Spellbound* (›Ich kämpfe um dich‹) und *Saratoga Trunk* gelangten Ende 1945 in den Verleih, alle innerhalb eines Monats.

Damals machte ein Scherz die Runde: »Weißt du was?« sagt ein Kinobesucher zum anderen. »Heute habe ich einen Film gesehen, und darin trat Ingrid Bergman ausnahmsweise mal nicht auf!«

Selznick schaltete sehr schnell und erklärte 1945 zum ›Bergman-Jahr‹.

Möglicherweise verzögerte Warners den Verleih von *Saratoga Trunk* (›Spiel mit dem Schicksal‹) aus einem anderen Grunde. Während der Dreharbeiten im Jahre 1943 überlegte man beim Studio, daß das Kriegszeit-Publikum den Film vielleicht nicht akzeptieren würde, weil man ihn für zu frivol halten könnte.

Jedenfalls folgte in Ingrid Bergmans Karriere der Film *Saratoga Trunk* (›Spiel mit dem Schicksal‹) unmittelbar auf *For Whom the Bell Tolls* (›Wem die Stunde schlägt‹). Also dürfte es auch logisch sein, ihn zu diesem Zeitpunkt zu erörtern.

In den 1880er Jahren kommt Clio Dulaine (Ingrid Bergman) aus Paris nach dem schillernden New Orleans; begleitet wird sie von Angélique (Flora Robson), ihrem Mulatten-Dienstmädchen, und Cupidon (Jerry Austin), ihrem Diener. Clio hat der Dulaine-Familie Rache geschworen, weil man sie wegen ihrer unehelichen Geburt der Familienrechte beraubt hatte. Ihre verstorbene Mutter war die Geliebte von Nicolas Dulaine, einem wohlhabenden Mann, der in ihrem Haus in der Rampart Street an einem Herzanfall gestorben war. Man machte Clios Mutter für den Tod ihres Wohltäters verantwortlich. Die kleine Clio und die Dienstboten wurden nach Paris verbannt. Jetzt ist Clio nach New Orleans zurückgekommen, um die Dulaines zu kompromittieren

›Saratoga Trunk‹ – ›Spiel mit dem Schicksal‹ (1945); mit Jerry Austin und Flora Robson.

›Saratoga Trunk‹ – ›Spiel mit dem Schicksal‹ (1945); mit Gary Cooper.

und damit die Ehre ihrer Mutter wiederherzustellen und sich gleichzeitig finanzielle Entschädigung zu verschaffen.

Clios Pläne gehen zum Teil in Erfüllung. Sie lernt Clint Maroon (Gary Cooper) kennen, einen stattlichen Texas-Spieler, der sich recht und schlecht durchs Leben schlägt, aber im Grunde genommen ein Mann von gutem Charakter und mit viel Ehrgeiz ist. Er fühlt sich unwiderstehlich zu der schönen Clio hingezogen; er bewundert auch ihren ›stahlharten Geist‹. Gemeinsam gehen beide nach Saratoga Springs, um dort ihr Glück zu machen. In diesem eleganten New Yorker Urlaubsort wimmelt es nur so von Millionären.

Clio gibt sich als französische Gräfin aus und schafft es, durch die geschickten Manöver einer einflußreichen Eheanbahnerin, Mrs. Coventry Bellop (Florence Bates), die Verlobte von Bart Van Steed (John Warburton) zu werden, eines jungen Eisenbahn-Magnaten.

Van Steed bemüht sich verbissen, die Saratoga Trunk zu erhalten, eine wichtige Nebenlinie, über die der Transport von Kohle aus den Pennsylvania-Bergwerken nach dem Markt in New England erfolgt.

Clint interessiert sich für Van Steeds Bemühungen und kann Van Steeds Bahnlinie in einem blutigen Kampf am Schluß des Films retten. Gleichzeitig gewinnt er Clio Dulaine als Frau.

Mit schwarzer Perücke und ungemein berückend schafft die Bergman einen persönlichen Triumph in – und über – *Saratoga Trunk* (›Spiel mt dem Schicksal‹).

Dieser Film weitet sich aus, sackt in sich zusammen und wird schließlich von der schwergewichtigen Produktion völlig erdrückt. Er scheint über Gebühr lang zu sein (Spieldauer: zweieinviertel Stunden). Regisseur Sam Wood war unsicher und wußte offenbar nicht so recht, was er aus Casey Robinsons überladenem Drehbuch machen sollte . . . einen Gothic Thriller, einen gewinnenden Liebesfilm, einen Ausflug in Edith Whartons Welt der gesellschaftsironischen Komödie oder einen knallharten Action-Film. Dazu kommt das groteske Gefolge: Flora Robson, rußgeschwärzt und mit Kopftuch, als stirnrunzelndes Mulatten-Dienstmädchen, und Jerry Austin als dunkelhäutiger Zwerg-Leibwächter, dessen überschwengliches Temperament schon fast an Wahnwitz erinnert. Ferner eine Story, die für ein halbes Dutzend Filme ausgereicht hätte. Aber Ingrid Bergman stellt deutlich erkennbar eine menschliche und absolut unwiderstehliche Abenteurerin dar. Sie allein rettet den ganzen Film und bewahrt ihn vor maßloser Übertreibung.

In der frühen Phase des Films sehen wir, wie Ingrid Bergman einen erschreckenden hysterischen Anfall bekommt, und zwar beim Anblick eines merkwürdig aussehenden Sofas im unheimlichen, verfallenen Haus in der Rampart Street. (Flora Robson bringt Ingrid Bergman mit ein paar herzhaften Klapsen wieder zur Besinnung.) Unmittelbar darauf heult der Zwerg: »Blut hier oben!« Sein Schrei kommt aus dem Schlafzimmer im oberen Stockwerk, wo vor Jahren Clios Mutter Zeugin des verhängnisvollen Herzanfalls ihres Liebhabers geworden war. Die Dienstboten liefern einen grausig anschaulichen Bericht über den Tod von Clios Vater. (Sein Blut spritzte wie die Fontänen von Versailles und beschmutzte den Teppich im Schlafzimmer.) Clio erfährt vom versuchten Selbstmord ihrer Mutter.

Spätestens an dieser Stelle sind wir davon überzeugt, daß vor unseren Augen eine Geschichte des Entsetzens entrollt werden soll.

›Saratoga Trunk‹ – ›Spiel mit dem Schicksal‹ (1945); mit Flora Robson und Florence Bates.

Nichts dergleichen. Bald darauf befinden wir uns im fröhlichen und farbigen Viertel French Market, wo sich Ingrid Bergman und Gary Cooper zum erstenmal treffen.

Von hier aus scheint sich der Film zu einer passablen Liebesgeschichte zu entwickeln. Es kommt zu einem Flirt zwischen zwei liebenswerten Schurken.

Doch dann verlagert sich die Szenerie nach Saratoga Springs. Hier begegnen wir einem intriganten Gesellschaftsungeheuer, bis zum Exzeß von Florence Bates gespielt.

Jetzt befinden wir uns inmitten einer sanften, spöttischen Gesellschaftssatire über versippte Millionärswitwen, die sich an einem Urlaubsort versammeln, um Klatsch miteinander auszutauschen und den guten Ruf anderer Personen zu ruinieren.

Schließlich – auf dem Höhepunkt des Films – stecken wir plötzlich mittendrin in einer blutigen, handlungsgeladenen Prügelei zwischen Banden von Rauhbeinen, die beinahe die Saratoga-Trunk-Line zerstören. Der Zwerg wird in diesem brutalen Schlamassel beinahe getötet. Cooper geht aus allem zwar reichlich ramponiert hervor, ist aber noch genügend intakt, um beim letzten Fadeout Ingrid Bergman für sich zu beanspruchen.

So abwechslungsreich und unterhaltsam sich das alles auch anhören mag, der Film ist nichts weiter als ein riesiges Durcheinander.

Edna Ferbers leichter und doch deftiger Roman besticht vor allem durch seine Anspruchslosigkeit und durch das Geschick der Autorin, die Story nicht vom Material erdrücken zu lassen.

Sam Wood dagegen läßt sich unglücklicherweise gerade davon überwältigen.

Die Settings von New Orleans und Saratoga sind zu geziert entworfen und zu liebevoll ausgestattet.

Die heftigen, gewalttätigen Höhepunktsequenzen, darunter eine spektakuläre Zugkatastrophe, sind über Gebühr in die Länge gezogen, denn eigentlich sollen sie ja nur ein wenig zu einem leichten Zeitstück beitragen.

Nachdem der Verleih über zwei Jahre hinausgezögert worden war, überlegt man jetzt unwillkürlich, warum diese lange Zeitspanne nicht dazu benutzt worden war, den Film kritisch zusammenzuschneiden.

Aber Ingrid Bergman und Gary Cooper waren in *Saratoga Trunk* (›Spiel mit dem Schicksal‹) großartig.

Ingrid Bergman fängt genau die gewinnende Entschlossenheit der Bastard-Kreolin ein, die darauf versessen ist, das Unrecht zu rächen, das man ihrer Mutter angetan hat; sie will einen Ehemann, Reichtum und gesellschaftliche Position erringen. Wir erfreuen uns an ihren Sparring-Szenen mit Florence Bates, dieser prächtigen, so verschmitzt schnurrenden Pussikatze. (Als die Bates vom ungestümen Zwerg beinahe umgerannt wird, herrscht sie ihn amüsant an: »Du *ungezogener* Junge!« Dieser Auftritt bleibt im Gedächtnis haften.) Man erinnert sich auch vergnügt an die Szene, in der Ingrid Bergman genüßlich frische Pfirsiche aus einem Glas Champagner verzehrt. (»So pflegte Mama sie stets in Paris zu essen. Köstlich! und so kühl!«) Während des ganzen Films zeichnet die Bergman eine perfekte Hedonistin und stürzt sich mit ansteckendem Gusto in ihre Rolle.

»Miß Bergman, für diese Gelegenheit brünett und willfährig geworden, ist herrlich!« hieß es in *New York Herald Tribune* über ihre Darstellung. »Sie spielt mit solcher Verve und derartiger Vielseitigkeit, daß man sie tatsächlich für eine Kreolin halten könnte.«

Die Zeitschrift *Time* fügte hinzu, daß Ingrid Bergman »diese Rarität in Hollywood ist – eine gutaussehende Frau, die ihre Persönlichkeit wechseln kann, um ihrer Rolle gerecht zu werden. Als Clio wird sie vom tugendhaften Adel ihrer üblichen Rollen befreit. Ihre Darstellung eines sexy Wirbelwinds läßt die meisten von Hollywoods Glamour-Girls wie Backfische aussehen!«

Über eine Dialogstelle kann man sich besonders freuen. Ein hingerissener Curt Bois stammelt: »Sie . . . Sie sind . . . Sie sind sehr schön!« Darauf erwidert die Bergman ungemein selbstbewußt, jeder Zoll eine Filmgöttin: »Ja . . . ist das nicht ein Glück?«

Gaslight (›Das Haus der Lady Alquist‹), der Film, für den Ingrid Bergman ihren ersten Academy Award bekam, hat eine seltsame Geschichte. Das Melodrama des britischen Schauspieldichters Patrick Hamilton war nicht nur auf der Londoner Bühne ein großer Erfolg gewesen, sondern wurde auch ungemein populär als britischer Film mit Diana Wynyard, Anton Walbrook und Frank Pettingell. Gegen Ende 1941 kam es als *Angel Street* zum Broadway; die Hauptrollen spielten Judith Evelyn, Vincent Price und Leo Carroll. Das Stück brachte es auf annähernd dreizehnhundert Aufführungen.

Links und rechts: ›Gaslight‹ – ›Das Haus der Lady Alquist‹ (1944); mit Charles Boyer.

Columbia Pictures erwarb die Filmrechte für Irene Dunne, verkaufte sie aber dann an MGM, wo man das Stück für Hedy Lamarr haben wollte. Eine der Verkaufsbedingungen lautete, daß die Negative des britischen Films vernichtet werden mußten.

Als *Gaslight* (›Das Haus der Lady Alquist‹) mit Ingrid Bergman in der Hauptrolle in England in den Verleih kam, trug der Film dort den Titel *The Murder in Thornton Square*.

Später tauchten aber doch noch Kopien des englischen Originalfilms *Gaslight* auf und wurden gelegentlich in den Vereinigten Staaten unter dem Titel *Angel Street* gezeigt!

Aber unter welchem Titel dieser Film auch immer lief, er war ein knisternder Thriller mit allen Zutaten, um die Zuschauer zu fesseln und ihnen den Atem stocken zu lassen.

Wann wird die schöne, vor Liebe blinde Ehefrau endlich sehen, was ihr mörderischer, marktschreierischer Ehemann, der sich als Gentleman maskiert, in Wirklichkeit ist?

In *Gaslight* (›Das Haus der Lady Alquist‹) hallt diese Frage wieder und immer wieder durch ein viktorianisches Stadthaus in London. In der Mansarde erklingen Schritte wie von einem Dieb in der Nacht, und Gaslampen brennen plötzlich sehr niedrig.

›Gaslight‹ – ›Das Haus der Lady Alquist‹ (1944); mit Joseph Cotten.

›Gaslight‹ – ›Das Haus der Lady Alquist‹ (1944); mit Charles Boyer.

Wenn man den Film gesehen hat, ist es fast unmöglich, sich andere Schauspieler in den Rollen vorzustellen, die von Ingrid Bergman und Charles Boyer gespielt werden. Er, der am Anfang noch verbindlich und fürsorglich ist, wird allmählich dämonisch und schließlich kriecherisch und verachtungswürdig. Sie, die am Anfang noch zaghaft, zitternd und verwundbar ist, beginnt allmählich an ihrer eigenen geistigen Gesundheit zu zweifeln und kehrt schließlich triumphierend den Spieß gegen den Mann um, der sie vernichten will.

Bei der Beschreibung der Vorbereitung auf die Rolle einer Frau, die fast an den Rand des Wahnsinns getrieben wird, erinnert sich Ingrid Bergman daran, daß Regisseur George Cukor für sie einen Besuch in einem Nervensanatorium arrangierte. Dort wurde ihr erlaubt, einige der Patienten zu beobachten.

»Da war eine junge Frau, die mich ganz besonders interessierte«, sagt sie. »Ich habe sehr viel von ihrem merkwürdigen Verhalten in meine Darstellung übernommen.«

Aber Ingrid Bergman und Charles Boyer machten aus *Gaslight* (›Das Haus der Lady Alquist‹) mehr als nur einen blutrünstigen Thriller.

George Cukor, sorgt dafür, daß vor allem das Thema – die Arten der Liebe – klar und deutlich herausgestellt wird. Dies geschieht durch die Art und Weise, wie jeder beiden Hauptdarsteller auf die Präsenz der geliebten Person reagiert.

Mit Leo McCarey und Dr. Peter Lindström bei der Überreichung des Oscars für ›Gaslight‹ (›Das Haus der Lady Alquist‹).

Für Ingrid Bergman ist es Liebe ohne Erfahrung; außerdem sexuelle Abhängigkeit von einem Ehemann.

Für Charles Boyer ist es die Liebe für Schmuckstücke. Der verzückte Ausdruck in Boyers Gesicht in Großaufnahme, als er die Kronjuwelen im Tower of London beschreibt, ist zusammen mit der Szene, in welcher er den Schmuck entdeckt, dessentwegen er eine Frau beinahe zum Wahnsinn getrieben hat, der einzige Moment wahrer Liebe im Film. Sowohl George Cukor als auch Charles Boyer machten diese Episoden unvergeßlich.

Die einsame und leicht zu beeindruckende Paula Alquist (Ingrid Bergman) heiratet nach nur zweiwöchiger Bekanntschaft Gregory Anton (Charles Boyer), einen Mann, der viel älter ist als sie. Nur sehr widerstrebend stimmt sie zu, in dem Haus zu wohnen, wo sie als Kind eines Nachts ihre erdrosselte Tante entdeckt hatte; im Haus war das Oberste zuunterst gekehrt worden. Uns Zuschauern wird sehr schnell klar, daß Anton der Mann war, der die Tante ermordet hatte. Jetzt benutzt er seine Ehe mit Paula dazu, in aller Ruhe und Muße die Mansarde zu durchsuchen, um den Schmuck zu finden, der ihm in jener Nacht vor vielen Jahren entgangen war. Unter dem Vorwand, auszugehen, durchstöbert er Nacht für Nacht die Mansarde. Er unternimmt gar keinen Versuch, den Lärm, den er dabei verursacht, vor Paula zu verheimlichen. Er kümmert sich auch nicht darum, daß die Gaslampen im Zimmer seiner Frau schwächer brennen, weil er die Lampen in der Mansarde angezündet hat, um seine Nachforschungen besser anstellen zu können.

Er hat Paula darauf vorbereitet, diese Dinge zu bemerken, indem er ihr mehrfach ›bewiesen‹ hat, vergessen zu haben, wohin sie verschiedene Gegenstände gelegt hatte. (Er hatte sie heimlich entfernt.) Immer wieder deutet er an, daß Paula sich im traurigen Zustand geistigen Verfalls befindet. Er redet ihr ein, daß ihre Mutter an den Folgen eines solchen Zustandes in einer Verrücktenanstalt gestorben war.

Gewisse Umstände wecken die Neugier von Scotland Yards Brian Cameron (Joseph Cotten), der den alten Fall des ungelösten Mordes wieder aufgreift. Er verdächtigt Anton als Mörder. Cameron fragt sich, aus welchen Gründen Anton wohl die junge Paula geheiratet hat. Nachdem er Paulas Befürchtungen, daß sie den Verstand verlieren könnte, weil sie Geräusche im oberen Teil des Hauses wahrnimmt und das schwächere Brennen der Gaslampen bemerkt, zerstreut hat, tritt er Anton gegenüber und entlarvt ihn . . . genau in dem Moment, als Anton endlich den gesuchten Schmuck gefunden hat, eingenäht in ein Bühnenkostüm, das Paulas Tante bei ihrer größten Opernrolle getragen hatte.

Cameron bindet Anton bis zum Eintreffen der Polizei an einem Stuhl fest und gönnt Paula einen Akt der Rache an dem Mann, der sie so grausam behandelt und ihre Liebe und Unschuld so brutal ausgenutzt hatte.

»Gib mir doch noch eine Chance!« bettelt er. »Schneide mich los!«

Statt dessen wendet sie sich gegen ihn und sagt: »Ich hasse dich! Ich sehe dich gehen . . . ohne einen Funken Mitleid, ohne einen Funken Bedauern, mit Freude im Herzen!«

Obwohl *Gaslight* (›Das Haus der Lady Alquist‹) im Laufe der Jahre so etwas wie ein kleiner Filmklassiker geworden ist, wurde er zur Zeit des Verleihs von den Kritikern überraschend geringschätzig behandelt. Alle hatten großes Lob für Ingrid Bergman wegen ihrer verblüffenden Wandlung von einer verliebten Kind-Frau zu einer von Rachegefühlen beseelten Frau. Auch Charles Boyers eisige Verbindlichkeit wurde lobend anerkannt. Man war entzückt von Angela Lansburys Darstellung als mürrisches, schlampiges Dienstmädchen; desgleichen von Bronislau Kapers unheimlicher Musik, die *The Last Rose of Summer* vorstellte und die *Mad Scene* aus *Lucia di Lammermoor* brachte. Auch das von Cedric Gibbons und William Ferrari entworfene Haus am Thornton Square fand allgemeinen Beifall (sie bekamen in diesem Jahr den Art Direction Oscar); jeder Zollbreit scheint mit Nippsachen, Rüschen und Pfefferkuchen angefüllt zu sein.

Edwin B. Willis und Paul Huldschinsky bekamen für ihre Bühnendekoraktion ebenfalls einen Oscar.

Alle Kritiker waren davon beeindruckt, wie George Cukor die Kamera von Joseph Ruttenberg geführt hatte; raffiniert schlängelt sich die Kamera durch das ganze Haus. Aber *The New York Times* drückte Enttäuschung aus und bemängelte »eben diese Flexibilität der Kamera«; man behauptete, daß »viel von der furchterregenden Augenblicksnähe des Stückes« fortgelassen wurde. Von Ingrid Bergman und Charles Boyer vermeldete man lediglich, daß »diese beliebten Darsteller ihre Rollen vollkommen spielten«.

New York Post sagte: »Bergmans Mischung aus Liebe, Entset-

›Spellbound‹ – ›Ich kämpfe um dich‹ (1945); als Dr. Constance Peterson.

zen und wachsendem Gefühl geistigen Versagens stellt eine der besseren Leistungen dieser Saison dar.«

Im Drehbuch von John Van Druten, Walter Reisch und John L. Balderstone gibt es zur Erleichterung viele komische Momente: Dame May Whittys harmlose, alte Schachtel, die bei jeder Gelegenheit ausruft: »Well!«; zu den besten Momenten gehört wohl das provokative Absingen von *Up in a Balloon, Boys!* durch Angela Lansbury (die in diesem Film ihr Debüt gibt) sowie ihre kesse Selbstankündigung bei Anton: »Ich kann ganz gut auf mich selber achtgeben . . . wenn ich es will!«

Zwischen der Beendigung von *Gaslight* (›Das Haus der Lady

›*Spellbound*‹ – ›*Ich kämpfe um dich*‹ *(1945); während einer Drehpause.*

Alquist‹) und *Spellbound* (›Ich kämpfe um dich‹) wurde Ingrid Bergman vom US Treasury Department gebeten, auf eine nationale Kriegsanleihetournee zu gehen. Bis dahin hatten sich die Schauspielerin, ihr Ehemann Dr. Lindström (der jetzt als M.D. am Los Angeles County Hospital arbeitete) und ihre Tochter Pia in einem Haus in Beverly Hills niedergelassen.

Nach ihrer Rückkehr aus Alaska, wo sie Truppenbetreuung gemacht hatte, unternahm sie die Tournee, um in größeren Städten des Landes für Kriegsanleihe zu werben.

Im Juli kehrte sie nach Hause zurück und begann *Spellbound* (›Ich kämpfe um dich‹), ihren zweiten und letzten Film, den sie

›Spellbound‹ – ›Ich kämpfe um dich‹ (1945); mit Gregory Peck.

unter der direkten persönlichen Aufsicht von David O. Selznick drehte.

Das Drehbuch für *Spellbound* (›Ich kämpfe um dich‹) hatte Ben Hecht frei nach *The House of Dr. Edwardes*, einem Roman von Francis Beeding (das Pseudonym von zwei Autoren), geschrieben.

Mit einer Spieldauer von fast zwei Stunden ist dieser Film allerdings weniger komplex, als vielmehr sehr weitschweifig.

Dr. Constance Petersen (Ingrid Bergman) ist Psychiaterin in einer Nervenheilanstalt in der Nähe von Rutland, Vermont. Dr. Murchison (Leo G. Carroll) soll sich als Chef der Klinik zur Ruhe setzen. Das Personal erwartet die Ankunft des Nachfolgers Dr. Edwardes (Gregory Peck). Schon kurz nach dem Eintreffen des neuen Klinikleiters verliebt sich Constance in den stattlichen, jungen Doktor.

Der junge Arzt verrät irrationale Angst vor dem Anblick von Falten auf weißen Oberflächen (z. B. Tischtüchern oder Kitteln); das läßt Constance vermuten, daß Dr. Edwardes zwar Arzt sein kann, aber zweifellos auch ein geistesgestörter Fremder, der mysteriöserweise die Identität von Dr. Edwardes angenommen hat. Constance überzeugt ›Dr. Edwardes‹, daß er an Gedächtnisverlust leidet, wahrscheinlich durch einen Schuldkomplex hervorgerufen. Daraus schließt der ›Arzt‹, daß er wegen Mordes am echten Dr. Edwardes gesucht werden müßte. Der gehetzte Mann flüchtet aus der Klinik und geht nach New York. Constance bekommt seinen dortigen Aufenthalt heraus, bevor die Polizei beide ergreifen kann.

Constance bringt den jungen Mann nach Rochester im Staat New York, wo Dr. Alex Brulov (Michael Chekhov), ihr früherer Professor, die Träume des gequälten Mannes analysieren und die Gründe für sein merkwürdiges Verhalten herausfinden kann.

Brulov entdeckt, daß J. B., wie Constance ihn nennt, sich schon seit seiner Kindheit für den Unfalltod seines Bruders für verantwortlich hält (der Junge war durch Aufpfählen auf einen Zaun ums Leben gekommen). Außerdem leidet J. B. noch unter dem Schock über Dr. Edwardes' Tod; J. B. war Augenzeuge beim Tod von Dr. Edwardes gewesen und hatte die Sache während eines Skiausfluges beobachtet. Das erklärt auch seine heftige Antipathie gegen Weiß und alles, was nach Skispuren aussieht.

In der Klinik erfährt Constance von Dr. Murchison, daß er Edwardes erschossen hat, und zwar aus Zorn darüber, daß er die Leitung der Klinik abgeben und von einem anderen Arzt ersetzt werden soll. Nach seinem Geständnis redet Constance dem Arzt ganz kühl aus, sie erschießen zu wollen. Da richtet der Arzt, der sein Schicksal besiegelt sieht, die Waffe gegen sich selbst.

Dr. J. B. ist nun seiner Sorgen ledig und bereit, mit Constances liebevoller Hilfe ein neues Leben zu beginnen.

Am Anfang von *Spellbound* (›Ich kämpfe um dich‹) flimmert ein Motto über die Leinwand: »Die Schuld liegt nicht in den Sternen, sondern in uns.« (Shakespeare).

Man überlegt, ob irgendein anderer Schauspieler, reifer und mit elektrisierenderer Persönlichkeit, als Gregory Peck damals zu bieten hatte, den falschen Dr. Edwardes hätte überzeugender darstellen können. Aber Peck war ein vielversprechender neuer Selznick-Star, und deshalb bekam er diese Rolle.

Obwohl es bei der Story eigentlich um das Dilemma von J. B. geht, fesselt vor allem Ingrid Bergman die Aufmerksamkeit der Zuschauer. (Es ist also keine Überraschung, daß sie den Preis der New Yorker Filmkritik als ›Beste Schauspielerin des Jahres‹ bekam.)

Aber außer Pecks unerfahrenem Auftreten und seiner hölzernen Darstellung hat der Film auch noch andere schwerwiegende Fehler. Einer davon ist die anmaßende und simplifizierte ›Freud'sche‹ Traum-Sequenz, vom surrealistischen Maler Salvador Dali in Szene gesetzt.

Ein weiterer Fehler ist die Art der Dialoge, die man wie folgt bezeichnen könnte: »Es ist zweifelhaft, ob solche Bemerkungen jemals gemacht wurden.« Ein Beispiel: In einer Anfangsszene soll Constances Beruf und Charakter etabliert werden. (Sie trägt eine Brille, also *wissen* wir, daß sie ein helles Mädchen ist.) Sie erinnert einen Kollegen: »Ich habe sehr viel Forschung über emotionale Probleme und Liebesschwierigkeiten betrieben.« Später sagt J. B. zu Constance, daß ein geistesgestörter Patient in der Anstalt soeben Amok gelaufen ist und versucht hat, einen der Ärzte zu ermorden; danach hat er sich selbst die Kehle durchgeschnitten.

»Ist es schlimm?« fragt Constance.

Noch später sagt Constance zu Dr. Brulov: »Sie kennen diesen Mann nicht. Sie kennen nur die Wissenschaft. Sie kennen vielleicht seinen Geist, aber Sie kennen nicht sein Herz.«

Und gegen Ende des Films, nach fast zwei Stunden Schuldkomplex, Mißverständnis Tohuwabohu, Mord und Selbstmord, macht Constance die Bemerkung: »Na, Gott sei Dank ist jetzt alles aufgeklärt!«

An anderer Stelle, als Constance in New York J. B. findet, wird uns eine Zeitung gezeigt. Aus der üblichen Hollywood-Schlagzeile geht die Story des Films eindeutig hervor. Was sonst noch so auf der Welt passiert ist, scheint nicht zu interessieren. Die fette Überschrift lautet:

POLIZEI JAGT DR. CONSTANCE PETERSON! WIRD VERDÄCHTIGT, STECKBRIEFLICH GESUCHTEM WAHNSINNIGEN ZU HELFEN!

Bei ihrem ersten Auftritt in einem Hitchcock-Thriller tut Ingrid

›Spellbound‹ – ›Ich kämpfe um dich‹ (1945); mit Leo G. Carroll.

Bergman, was sie nur irgend kann. Das ist sehr viel, aber eben doch nicht genug, um eine Rolle glaubwürdig zu machen, die von ihr verlangt, mal spröde und mal leidenschaftlich zu sein.

Gregory Peck, damals immer noch ein recht unerfahrener Schauspieler, verrät sehr starkes Lampenfieber und wirkt eingeschüchtert, mitunter beinahe gelähmt, was vielleicht darauf zurückzuführen sein könnte, daß er sich in Gesellschaft so alterprobter Profis, in die er hineingestoßen wurde, noch nicht ganz wohl fühlen konnte. Jedenfalls unterspielt er seine Rolle derartig, daß sie fast zum Verschwinden kommt.

Spellbound (›Ich kämpfe um dich‹) weist aber auch einige positive Aspekte auf, die den Film immer noch sehenswert machen.

Da ist zunächst einmal die Zusammenarbeit zwischen Alfred Hitchcock und Kameramann George Barnes, so daß es zu sehr packender Fotografie kommt.

Die Rückblende, in der Peck noch einmal den grausigen Tod seines Bruders erlebt, ist visuell ungemein aufregend und haftet noch lange im Gedächtnis, wenn man den übrigen Film vielleicht schon längst vergessen hat.

Dalis surrealistischer Traum wurde damals für sehr fortschrittlich gehalten, ist aber jetzt doch schon veraltete Kunst und Psychologie. Immerhin ist es interessant anzuschauen, wie Hitchcock sich vom üblichen Klischee verschwommener Filmträume löst und dafür das Talent eines fantasievollen Künstlers benutzt, um einen solchen Traum beschreiben zu lassen.

Eine besonders effektive Szene findet am Ende des Filmes statt: Als Carroll die Waffe auf Ingrid Bergman richtet, sehen wir im Vordergrund eine riesige Hand, welche die Waffe hält; langsam wird sie gedreht, um die Bergman im Visier zu behalten. Als die Bergman schließlich das Zimmer verläßt, richtet sich die Waffe gegen den Mann, der sie hält . . . also gegen die Zuschauer! Die Waffe entlädt sich auf kürzeste Entfernung direkt in die Kamera, was durch einen Technicolorausbruch in Rot demonstriert wird.

Hitchcock gibt zu, daß der isolierte Gebrauch von Farbe reine Show war. Aber das ist trotzdem sehr wirksam, nachdem die Zuschauer sich beim restlichen Film ja an eine schwarzweiße Welt gewöhnt hatten.

Nicht der geringste Aktivposten dieses Films ist Miklos Roszas fantasievolle Musik; ungemein melodisch und – wenn ein elektronisches Instrument eingesetzt wird – wie aus einer anderen Welt. Der Komponist hatte den Academy Award vollauf verdient, den ihm diese Musik einbrachte.

Für *The New York Times* war *Spellbound* (›Ich kämpfe um dich‹) ein »schöner« und »seltener« Film. Ingrid Bergmans Darstellung darin war ein »garantiertes Heilmittel für alles, was einen plagt, genauso, wie es für Mr. Peck der Fall ist. Es besteht aus ihrer gewinnenden Persönlichkeit in einer Story von tiefem, emotionalem Inhalt; aus ihrer glühenden Aufrichtigkeit; aus ihrem strahlenden Aussehen sowie aus ihrer mühelosen Fähigkeit, zungenfertig einen Text aufzusagen, an dem die meisten Mädchen ersticken würden«.

Das Magazine *Time* schlug einen ernsteren Tonfall an: »Das Script läßt Miß Bergman nur sehr wenig tun, außer daß sie ihren Geliebten inständig anflehen muß, sich an seine Knabenzeit zu erinnern. Um die Tatsache, daß in ihm nicht alles zum Besten steht, zu verdeutlichen, gibt sich Peck alle Mühe, indem er die Wangenmuskeln bewegt und die Augen zusammenkneift . . . (Hitchcock) injiziert wieder und immer wieder Aufregung in jede einzelne Szene, indem er mit Nebensächlichkeiten manipuliert, z. B. mit einem Lichtstreif unter der Tür, mit einem Glas Milch oder mit dem plötzlichen, grellen Pfiff einer Lokomotive.«

Wahrscheinlich faßt Hitchcock *Spellbound* (›Ich kämpfe um dich‹) selbst am besten zusammen, wenn er heute davon sagt: »Es ist nur eine weitere Menschenjagdstory, die in Pseudo-Psychoanalyse verpackt ist.«

Nachdem Ingrid Bergman im September 1944 *Spellbound* (›Ich kämpfe um dich‹) beendet hatte, ging sie erneut auf Tournee zu Militärlagern und in Krankenhäuser. Dann beteiligte sie sich abermals an einer Kampagne für Kriegsanleihen.

Im Dezember lieh Selznick die Schauspielerin widerstrebend an RKO aus, wo sie zusammen mit Bing Crosby in *The Bells of St. Mary's* (›Die Glocken von St. Marien‹) auftreten sollte. Dieser Film sollte die Nachfolge von dem enorm populären *Going My Way* werden, den Regisseur Leo McCarey und Bing Crosby im vorangegangenen Jahr gemacht hatten.

Selznick war allerdings der Meinung, daß Fortsetzungen nur selten so gut sind wie die Filme, die sie inspiriert haben. Er war außerdem der Meinung, daß Ingrid Bergman wahrscheinlich nur herumstehen und zuhören würde, wie Bing Crosby sang. Am wichtigsten für Selznick war aber der Umstand, daß kein Drehbuch geschrieben war, das er hätte anerkennen können. Deshalb stellte er für das Ausleihen der Bergman an RKO drastische Forderungen. Er verlangte und bekam die Dienste eines Top-Studio-Regisseurs, die Remake-Rechte für *A Bill of Divorcement* (›Eine Scheidung‹) und *Little Women;* beide Filme waren von RKO vor mehreren Jahren produziert worden. Schließlich verlangte er auch noch 175 000 Dollar in bar. Der Wert aller Forderungen wurde damals auf etwa eine halbe Million Dollar geschätzt.

Die Produktion von *The Bells of St. Mary's* (›Die Glocken von St. Marien‹) begann im Februar des folgenden Jahres mit einem

Mit Regisseur Leo McCarey, Bing Crosby und George Gabe bei der Geburtstagsfeier von Bing Crosby.

Script von Dudley Nichols nach einer Idee von McCarey. Kameramann war Georges Barnes, dessen Arbeit bei *Rebecca* und *Spellbound* (›Ich kämpfe um dich‹) Selznick begeistert hatte.

Ingrid Bergmans Antwort auf Selznicks Befürchtungen bestand darin, die Rolle der Schwester Benedict – ein Part, der zu gleichen Teilen in Zucker und Gewürz getaucht war – mit Wärme und Humor auszustatten.

James Agee, ein Kritiker von *The Nation,* gehörte zu den Kritikern, die gegen den unbestreitbaren Appeal einiger Filmszenen immun waren; er schrieb kurz nach der Filmpremiere Anfang Dezember 1945: »Ich hege schwere Bedenken gegen die in Filmen zunehmende Anerkennung von romantisch-kommerziellen Werten des Zölibats. Kaum besser gefällt mir eine kleine Boxlektion, in der Mutter Bergman einem der Schuljungen zeigt, nicht auch noch die andere Wange hinzuhalten. Vor allem aber bin ich einfach entsetzt über die Art, wie die Schwestern einem Nabob zusetzen, um ihn zum Wohltäter zu machen!«

Im Gegensatz dazu lobte *New York Herald Tribune* »das aufrichtige Gefühl und den künstlerischen Wert« des Films.

Times vertrat folgende Meinung: »Die ganze Geschichte, die da entwickelt wird, um zu einem neuen Schulgebäude zu kommen . . . wirkt nicht überzeugend und ist unmoralisch . . . Es gibt Momente (nicht die Großaufnahmen beim Gebet), da glüht [Bergman] vor Zärtlichkeit und Wärme.«

Die dürftige Story dreht sich um die unterschiedlichen Philosophien von Father Chuck O'Malley (Bing Crosby, der seine Rolle in *Going My Way* wiederholt) und Sister Mary Benedict (Ingrid

›The Bells of St. Mary's‹ – ›Die Glocken von St. Marien‹ (1945); mit Henry Travers und Ruth Donnelly.

Bergman), der Schwester Oberin einer New Yorker Pfarrschule, die in einem baufälligen Gebäude untergebracht ist. Der für das Kirchspiel der Nonne zuständige Priester ist umgänglich. (»Falls Sie jemals Ärger haben, wählen Sie einfach O für O'Malley!«) Er vertritt die Ansicht, daß die dem Menschen innewohnende Güte sich schon durchsetzen wird.

Die Schwester aber ist anderer Meinung. Sie glaubt, daß freundliche, aber feste Disziplin notwendig ist, um aus Jungen gute Christen und Bürger zu machen.

Die unterschiedlichen Auffassungen über Erziehung werden schließlich miteinander in Einklang gebracht.

Gemeinsam überreden die beiden einen Industriellen (Henry Travers), sich von einem neuen Gebäude zu trennen, das für Sister Benedicts Schule besser geeignet ist.

Die Nonne wird ein Opfer der Tuberkulose und ist gezwungen, in den Ruhestand zu treten. Aber sie findet Trost und den Lohn für ihre Arbeit in der Liebe, die ihr die Schüler entgegenbringen, sowie in der neidlosen Bewunderung von Pater O'Malley.

Im Verlauf des Films singt Crosby *Aren't You Glad You're You?, The Bells of St. Mary's* und *Ave Maria.*

Ingrid Bergman singt ein schwedisches Lied.

Während der Filmarbeiten bekam Ingrid Bergman einen Oscar für ihre Darstellung in *Gaslight* (›Das Haus der Lady Alquist‹).

Bing Crosby erhielt ebenfalls einen Oscar für seine schauspielerische Leistung in *Going My Way*. Für die Regie bei diesem Film wurde McCarey mit einem Oscar ausgezeichnet. Am Tag nach der Verleihungszeremonie wurden die drei am Drehort von *The Bells of St. Mary's* (›Die Glocken von St. Marien‹) beglückwünscht und gefeiert.

Ingrid Bergman sagte später über dieses Ereignis: »Ich glaubte, nie wieder so glücklich sein zu können!«

Ungeachtet des Urteils der Kritiker wurde *The Bells of St. Mary's* (›Die Glocken von St. Marien‹) ein enormer Hit, als der Film am folgenden Weihnachtsfest in den Verleih kam. Die Tatsache, daß darin nicht weniger als drei Oscar-Preisträger auftraten, trug wesentlich dazu bei, daß dieser Film ein noch größerer finanzieller Erfolg als *Going My Way* wurde. Damit wurden auch Selznicks anfängliche Befürchtungen widerlegt.

Obwohl Ingrid Bergman in *Saratoga Trunk* (›Spiel mit dem Schicksal‹) eine Abenteurerin darstellte, in *Notorious* (›Berüch-

›The Bells of St. Mary's‹ – ›Die Glocken von St. Marien‹ (1945); mit Joan Carroll.

tigt‹, ›Weißes Gift‹) und *Arch of Triumph* (›Triumphbogen‹) Frauen von flexibler Moral und in *Under Capricorn* (›Sklavin des Herzens‹) eine Mörderin spielen würde, prägt sich das Image jungfräulicher Reinheit, das sie als Sister Benedict so überzeugend projizierte, unauslöschlich in den Geist des Publikums als die ›wirkliche‹ Ingrid Bergman ein. Das war ein schwerer Heiligenschein, der ihr schon bald vom Kopf gleiten sollte.

Ingrid Bergmans letzter Film für Selznick war *Notorious* (›Berüchtigt‹, vorher ›Weißes Gift‹).

Die Verbindung zwischen Ingrid Bergman und David O. Selznick hatte sieben Jahre gedauert und elf Filme auf die Leinwand gebracht. Die Stars von Selznick International – einschließlich Joan Fontaine, Joseph Cotten, Gregory Peck, Dorothy McGuire, Alida Valli und Louis Jourdan – wollten schon bald eigene Wege gehen.

Jennifer Jones, die im Jahre 1949 Mrs. David O. Selznick geworden war, machte auch weiterhin bis zum Jahre 1961 Filme unter der Aufsicht ihres Ehemannes.

Da Selznick kein eigenes Studio mehr hatte, in dem er Filme produzieren konnte, stellte er für *Notorious* (›Berüchtigt‹, ›Weißes Gift‹) eine Besetzung, einen Regisseur und einen Drehbuchautor zusammen und verkaufte alles als ›Paket‹ an RKO.

Ingrid Bergmans Costar war Cary Grant, der für einen Oscar als ›Bester Schauspieler‹ nominiert worden war (für *None But the Lonely Heart*), und zwar im selben Jahr, in dem die Schauspielerin ihren Oscar für *Gaslight* (›Das Haus der Lady Alquist‹) bekommen hatte.

Bei diesem Film arbeiteten wieder einmal einige alte Bekannte zusammen: Zum erstenmal seit *Casablanca* wurde Claude Rains mit Ingrid Bergman zusammen eingesetzt; Regie führte erneut – und diesmal mit besserem Resultat – Alfred Hitchcock; und Ben Hecht schrieb für *Notorious* (›Berüchtigt‹, ›Weißes Gift‹) ein strafferes Drehbuch, als er es für *Spellbound* (›Ich kämpfe um dich‹) getan hatte.

Im Lauf der Jahre hat *Notorious* (›Berüchtigt‹, ›Weißes Gift‹) einen bevorzugten Platz in der Zuneigung der Bewunderer von Ingrid Bergman, Cary Grant und Alfred Hitchcock eingenommen. Manche halten ihn für den besten Film der

›Notorious‹ – ›Weißes Gift‹, ›Berüchtigt‹ (1946); mit Cary Grant.

Schauspielerin; für andere rangiert er unmittelbar hinter *Casablanca.*

Hechts straffes und gepflegtes Script (Hitchcock hatte daran mitgearbeitet) ließ der Besetzung allen Raum, den sie brauchte, und die verschiedenen speziellen Talente ausspielen und zur Schau stellen zu können.

Aus Grant holte *Notorious* (›Berüchtigt‹, ›Weißes Gift‹) eine der treffendsten Charakterdarstellungen heraus; er spielte einen zynischen, aber in der Liebe verwundbaren amerikanischen Geheimagenten.

Alfred Hitchcock bot die flotte, forsche Story eine ideale Gelegenheit, wieder einmal sein geniales Talent für Intrige, Gefahr und plötzliche Story-Wendungen unter Beweis zu stellen; außerdem Sex mit Spannung zu kombinieren.

Rains' Rolle als reicher und mächtiger Nazi-Ränkeschmied erlaubte ihm, sowohl verachtungswürdig als auch merkwürdig sympathisch zu sein.

Als Playgirl mit willfähriger und verliebter Veranlagung, aber mit unerschütterlichen ethischen Überzeugungen, gibt Ingrid Bergman eine ihrer besten Darstellungen.

Alicia Huberman (Ingrid Bergman) ist die Tochter eines verurteilten Nazispions. Sie ist desillusioniert und neigt dazu, viel zu trinken.

Devlin (Cary Grant), ein amerikanischer Spion, nimmt Kontakt mit Alicia auf, um ihr Wissen über innere Kreise der Nazis zu benutzen, einen mysteriösen Plan zu entschleiern, der von einer Gruppe von Naziflüchtlingen in Rio de Janeiro nach dem 2. Weltkrieg ausgeheckt wurde.

Alicia akzeptiert Devlins Vorschlag, weil sie darin eine Chance sieht, beweisen zu können, daß sie eine gute Amerikanerin ist und das von ihrem Vater begangene Unrecht wiedergutmachen möchte. Es dauert nicht lange, bis Alicia und Devlin eine flüchtige Liebesaffäre miteinander haben.

Um hinter das Geheimnis der Verschwörer zu kommen, muß Alicia einen prominenten hiesigen Nazi namens Alexander Sebastian (Claude Rains) verführen, der ein Freund ihres Vaters gewesen war.

Alicia ahnt, daß Devlin sie liebt. Deshalb rechnet sie damit, daß er ihr nicht erlauben würde, einen so extremen Schritt zu unternehmen.

›Notorious‹ – ›Weißes Gift‹, ›Berüchtigt‹ (1946); mit Claude Rains und Cary Grant.

Aber weil Devlin von *ihren* Gefühlen nicht überzeugt ist, sagt er nichts.

Alicia nimmt nun ihren Plan in Angriff; teils aus Zorn auf Devlin, teils um ihm bei seiner Mission zu helfen.

Sebastian verliebt sich auch sehr bald in Alicia und macht ihr einen Heiratsantrag.

Wieder hofft Alicia, daß Devlin versuchen wird, ihr das auszureden.

Aber Devlin nimmt an, daß eine Abenteurerin es doch geradezu darauf abgesehen haben müßte, eine reiche Heirat zu machen. Also ermutigt er sie, Sebastians Heiratsantrag zu akzeptieren, weil er darin ein ideales Mittel sieht, das Komplott aufzudecken.

Nach der Hochzeit geben die Sebastians eine Gala-Party. Alicia

›Notorious‹ – ›Weißes Gift‹, ›Berüchtigt‹ (1946); mit Madame Leopoldine Konstantin und Claude Rains.

steckt Devlin den Schlüssel zu Sebastians Weinkeller zu. Dort findet man Uranerz in Flaschen.

Sebastian entdeckt sie und begreift, daß es sich bei ihnen um amerikanische Spione handelt, die nun herausgefunden haben, daß die Nazis die Herstellung von Atomwaffen für einen neuen Krieg planen. Den vernichtenden Beweis dafür halten die beiden jetzt in Händen.

Sebastians Mutter (dargestellt von der österreichischen Schauspielerin Leopoldine Konstantin, hier als Madame Konstantin angekündigt) verlangt von ihrem Sohn, daß er Alicia durch Gift allmählich ermorden soll.

Devlin riskiert es für Alicia, den Erfolg der Mission in Frage zu stellen. Er dringt in Sebastian-Haus ein, um Alicia zu retten.

Sebastian möchte seine geliebte Alicia ebenfalls retten und läßt die beiden in einer grimmigen Schlußszene entkommen. Es wird angedeutet, daß er für seinen Verrat von seinen Kollegen getötet werden wird.

Nachdem das Atomkomplott entlarvt ist, können Alicia und Devlin heiraten; alle gegenseitigen Mißverständnisse sind ausgeräumt.

Als der Film im August 1946 Premiere hatte, schrieb *The New York Times* über *Notorious* (›Berüchtigt‹, ›Weißes Gift‹): »Ein straffer, vorzüglicher Film.« Es wurde hinzugefügt: »Mr. Hecht und Mr. Hitchcock haben da eine sehr offene und gewagte Sache getan: Sie haben das Mädchen, dargestellt von Miß Bergman, zu

›Notorious‹ – ›Weißes Gift‹, ›Berüchtigt‹ (1946); mit Cary Grant.

einer Dame von bemerkenswert lockerer Moral gemacht . . . Da ist nichts Unreales oder Puritanisches an [Bergmans und Grants] Offenbarung einer Amour unter Erwachsenen. Und [sie] mit überraschender und beunruhigender Klarheit gespielt . . . Schauspielerische Ehren stehen aber nicht nur Mr. Grant zu, der außergewöhnlich solide ist, sondern auch Claude Rains . . . [dessen] kluge und straffe Darstellung dieses hassenswerten Charakters zum großen Teil für die Qual verantwortlich zeichnet, die aus der Situation erwächst . . . Ein prächtiger Touch von frostiger Arroganz wird von Madame Konstantin beigesteuert.«

James Agee schrieb in *The Nation:* »Ich glaube, daß Ingrid Bergmans Darstellung hier die beste ist, die ich je von ihr gesehen habe.«

In *Notorious* (›Berüchtigt‹, ›Weißes Gift‹) gibt es mehrere Szenen, an die sich Kinogänger mit unvermindertem Entzücken erinnern.

Eine von ihnen ist ›der längste Kuß der Geschichte‹, wie er in den Werbeankündigungen für diesen Film beschrieben wurde. Der Kuß beginnt auf dem Balkon von Grants Hotelzimmer, von wo aus man einen Blick über Rio hat. Das küssende Paar geht hinein, bewegt sich quer durchs Zimmer und setzt den Kuß immer noch fort. Grant spricht sogar ins Telefon und unterbricht den Kuß nur, um häusliche Anweisungen über das Dinner und das anschließende Geschirrspülen zu geben. Als Mumpitz der üblichen Liebesszene mit Umarmung und Kuß hat sie ihre Berühmtheit verdient.

Diese Szene und jene andere, in der Alicia zögernd Devlin von Sebastians Vorschlag berichtet (»Er möchte mich heiraten!«), sind eher bemerkenswert für das, was sie nur andeuten, denn für das, was sie wirklich zeigen.

Ingrid Bergman und Cary Grant erzeugen untereinander eine erotische Spannung, die in Bergman-Filmen seit der Bogart/Bergman-Kombination in *Casablanca* nicht mehr zu spüren war.

Ein weiterer denkwürdiger Moment kommt während der ausgedehnten Party. Hitchcock (mit dem tüchtigen Beistand seines Kameramannes Ted Tetzlaff) läßt die Kamera langsam von hoch oben über das großartige Foyer des Hauses schwenken und an einem prächtigen Kronleuchter vorbei nach unten schweben, um die große Gästeschar mit Ingrid Bergman in der Mitte einzufangen. Während sich die Gäste allmählich entfernen, senkt

Mit Dr. Peter Lindström im Juli 1946.

sich die Kamera immer noch weiter herab und konzentriert sich auf Ingrid Bergmans linke Hand, deren Finger sich nervös um den Schlüssel zu dem eminent wichtigen Weinkeller krampfen und öffnen.

Eine andere spannende und machtvolle Szene: Sebastian, ein Mann von großer persönlicher Autorität, muß sich dem Willen seiner noch dominierenderen Mutter beugen und zugeben, daß seine Liebe zu Alicia viel weniger wichtig ist als die Gefahr, die ihnen durch die Entdeckung im Weinkeller droht. Rains' Darstellung eines Mannes, der verzweifelt zwischen der Liebe zu seiner Frau und der Tatsache, daß er sie trotzdem vernichten muß, hin und her gerissen wird, ist schon eine wahrhaft rührende und bewegende Leistung.

Hitchcock erzählt sehr gern folgende Geschichte: Als er 1944 zuerst die Idee für diesen Film hatte (die Dreharbeiten begannen im September 1945), hatte er durch puren Zufall entschieden, Uran zur geheimen Substanz in den Weinflaschen zu machen. Seine Nachforschungen in dieser Angelegenheit und seine harmlosen Erkundigungen bei Beamten und Wissenschaftlern, ob dieses seltene Element vielleicht irgendeine Bedeutung für Atomwaffen haben könnte, stießen überall auf eisiges Schweigen. FBI hielt Hitchcock ein paar Wochen lang unter ständiger Beobachtung, weil man befürchtete, daß vom Manhattan-Projekt – *Top secret* –, das die Atombombe entwickelte, etwas durchgesickert sein könnte.

Jedenfalls erfüllte dieser Film voll und ganz sein Versprechen als Spionageunterhaltung allererster Ordnung.

Notorious (›Berüchtigt‹, ›Weißes Gift‹) war nicht nur Ingrid Bergmans letzter Film, solange sie bei Selznick unter Vertrag stand, sondern zugleich ihr letzter erfolgreicher Film für die nächsten zehn Jahre.

Als *Notorious* (›Berüchtigt‹, ›Weißes Gift‹) in Produktion ging, verbreiteten sich Gerüchte, daß zwischen Dr. und Mrs. Lindström ›nicht mehr alles zum Besten stand‹. Beide waren hingabevolle Profis. Ingrid Bergman arbeitete lange und harte Stunden im Studio, während Dr. Lindström lange und harte Stunden im Krankenhaus arbeitete. Dazu kam noch, daß er in seiner Freizeit ein zurückgezogenes Leben bevorzugte, während es ihr Freude machte, sich mit Freunden zu treffen und neue Bekanntschaften zu schließen.

Nachdem *Notorious* (›Berüchtigt‹, ›Weißes Gift‹) im November 1945 abgedreht war, machte Ingrid Bergman Urlaub in New York. Sie tätigte Einkäufe, sah sich Theaterstücke und Filme an oder besuchte alte Freunde, darunter auch Kay Brown.

Einer der Filme, den sich die Schauspielerin in diesem Herbst 1945 ansah, trug den Titel *Open City*. Es war ein Dokumentarfilm, unter den primitiven Bedingungen der Kriegszeit gedreht. Darin wurde mit erschreckender Ehrlichkeit geschildert, was Italiener während der deutschen Besatzungszeit hatten erdulden müssen. Regie hatte der relativ unbekannte Roberto Rossellini geführt. Der Film wurde als realistisches Meisterwerk gepriesen;

›Arch of Triumph‹ – ›Triumphbogen‹ (1948); als Joan Madou.

als ein Film von so überwältigender Wirkung, daß bei den Zuschauern der Eindruck entstehen mußte, das Medium Film neugeboren zu sehen.

Diesen Eindruck mußte wohl auch Ingrid Bergman gehabt haben, denn nach Schluß der Vorstellung rief sie ihrer Begleiterin zu: »Himmel, was für ein Erlebnis!« Die zutiefst beeindruckte Schauspielerin sollte den Schöpfer dieses Films, der absolut nichts mit Hollywood zu tun hatte, sehr bald persönlich kennenlernen.

Ingrid Bergman hatte es abgelehnt, bei Selznick einen neuen Siebenjahresvertrag zu unterschreiben. Sie genoß zunächst einmal ihre neugewonnene Freiheit.

Ingrid Bergman und ihr Ehemann Lindström beschlossen, daß die Schauspielerin die Hauptrolle in einer Leinwandversion von Erich Maria Remarques zeitgenössischem Bestseller *Arch of Triumph* (›Triumphbogen‹) übernehmen und eine 25prozentige Beteiligung daran akzeptieren sollte.

Produziert wurde der Film von einer neuen Gesellschaft: Enterprise Studios. Der Film konnte mit einer Reihe bekannter Namen aufwarten, darunter vor allem Charles Boyer, Ingrid Bergmans Costar in *Gaslight* (›Das Haus der Lady Alquist‹). In Nebenrollen waren so angesehene Schauspieler wie Charles Laughton und Louis Calhern zu sehen. Außerdem sollte Lewis Milestone Regie führen, wie er es schon bei der klassischen 1930er Filmversion von Remarques Roman *All Quiet on the Western Front* (›Im Westen nichts Neues‹) getan hatte.

Was konnte da möglicherweise noch schiefgehen?

Praktisch alles . . . und das fing schon am Beginn der Dreharbeiten im Juni 1946 an.

Enterprise wurde vom Gewicht der hohen Produktionskosten, Unentschlossenheit im Script (das Verdienst daran wurde letztendlich Milestone und Harry Brown zugeschrieben) und – wie es scheinen wollte – der Unfähigkeit von jedermann, darauf zu verzichten, mehr und immer noch mehr unnützen Film zu drehen. (Er wurde schließlich auf zwei Stunden Spieldauer zusammengeschnitten.)

Für den gegenwärtigen Zeitpunkt hatte zumindest das Publikum erst einmal genug von Kriegsfilmen, und so verlor *Arch of Triumph* (›Triumphbogen‹) trotz Besetzung, Regisseur und enormer Kosten über zwei Millionen Dollar.

Es war zugleich Ingrid Bergmans erster amerikanischer Fehlschlag.

Arch of Triumph (›Triumphbogen‹) nun schwülstig oder geschwollen zu nennen, würde nichts anderes bedeuten, als diesen Film mit einem Vorzug auszustatten, von dem überhaupt nicht die Rede sein kann. Es ist ein Film, in dem fast unaufhörlich geredet wird.

Die Handlung spielt in Paris kurz vor dem 2. Weltkrieg vor dem Hintergrund der wachsenden Nazibedrohung von ganz Europa.

Bei einer zufälligen Begegnung hindert Ravic (Charles Boyer), ein Arzt und Angehöriger einer Antinazi-Untergrundbewegung, Joan Madou (Ingrid Bergman) daran, in die Seine zu springen. Die Frau ist eine einsame und desillusionierte Halbweltdame. (Um Joans äußerste Verkommenheit zu illustrieren, zieht der Regisseur alle Register und läßt die Bergman auf der Leinwand rauchen.) Der Arzt verschafft der Frau einen Job als Sängerin im

Geburtstagsfeier von Ingrid Bergman und Charles Boyer. V.l.n.r.: Boyer, Regisseur Lewis Milestone, Ingrid Bergman und zwei Mitarbeiter der Enterprise Studios.

Scheherezade-Kabarett, wo sein alter russischer Freund, ein ehemaliger Offizier des Zaren, jetzt Türsteher ist (Calhern). Joan und Ravic verlieben sich ineinander. Als Ravic dann Haake (Laughton) begegnet, dem Nazibeamten, der für den Tod der Verlobten von Ravic verantwortlich war, tötet er ihn.

Obwohl Joan mit Ravic glücklich ist, wendet sie sich wieder ihrem alten Gewerbe zu und fängt eine Affäre mit einem reichen Mann an (Stephen Bekassy). Als ihr neuer Liebhaber herausbekommt, daß er Joans Liebe mit Ravic teilt, erschießt er sie.

Damit sollte offenbar klargemacht werden, daß moralische Apathie wie bei Joan Madou die Ursache dafür sein wird, daß Paris vor den Nazis fällt, während Kraft und Mut von Leuten wie Ravic den Nazis Widerstand leisten und sie schließlich besiegen wird.

Die Kritiker nahmen die Jungfernfahrt von Enterprise fast durchweg unfreundlich auf.

The New York Times nannte den Film »eine goldplattierte, Chanel-parfümierte Version von ›Junge trifft Mädchen‹ ... Von Lewis Milestones weitschweifender Kamera aus beobachten wir, wie von zwei der fähigsten Film-Handwerker Liebe demonstriert wird, wiederholt und in übermäßiger Länge . . . Laughton als Nazibestie ist absurd«.

New York Herald Tribune stellte fest, daß »Boyer den wortkargen, ständig die Brauen hochziehenden, geheimtuerischen Flüchtling übertreibt . . . [Bergmans] beschwingte Darstellung bewegt sich ständig ein, zwei Grad über Realismus und läßt ihn gelangweilt erscheinen«.

Obwohl Enterprise Studios noch andere Projekte in Aussicht genommen hatte – einen Film, um die Garbo wieder auf die Leinwand zu bringen, sowie eine Fassung von Stendhals *Charterhouse of Parma* mit Marlon Brando –, wurde nichts davon verwirklicht, denn *Arch of Triumph* (›Triumphbogen‹) war das erste und zugleich letzte Filmabenteuer dieser Organisation.

Als *Arch of Triumph* (›Triumphbogen‹) sich im September 1946 der Vollendung näherte, trat die Playwrights Company an Ingrid Bergman heran. Zu dieser Gruppe gehörten die Dramatiker Maxwell Anderson, Robert E. Sherwood, Elmer Rice sowie der Komponist Kurt Weill. Ingrid Bergman sollte die Hauptrolle in einer Broadway-Produktion von Andersons neuem Stück übernehmen: *Joan of Lorraine.*

Die Darstellung der ›Jungfrau‹ stellte für Ingrid Bergman die Erfüllung eines Traumes dar, den sie schon viele Jahre gehegt hatte.

Weil Anderson den Ruf eines führenden Schauspieldichters von Amerika hatte, akzeptierte Ingrid Bergman, ohne das Script gesehen zu haben.

Ein Stück über Schauspieler, die sich mit einer zeitgenössischen Produktion über die historische ›Jungfrau‹ beschäftigen, dessen Zweck von Anderson selbst so beschrieben wird: »Es ist schwierig, über das Problem zu schreiben, was man glauben soll und wie der Mensch seinen Glauben in einer Welt der Machtpolitik und Desillusion verteidigen kann. Man kann das nicht direkt tun, aber es ist kein neues Problem. Davon wurden schon Sokrates, Lincoln, Jeanne d'Arc und viele andere geplagt. Ich habe mir *Joan of Lorraine* dafür ausgesucht, weil sie weit entfernt von unserer Zeit gelebt hat. Die Szenen aus ihrem Leben bieten bei der Probe einen vollkommenen Kontrast und geben den Schauspielern eine echte Chance, eine neue Welt zu schaffen und sie auf einer kahlen Bühne zu installieren.«

Für Ingrid Bergman, für die Nebendarsteller, für Anderson und auch für die Produktionsfirma wurde *Joan of Lorraine* bei der Premiere am 18. November 1946 im Alvin Theatre von New York ein großer Triumph.

Das Stück erzählt die Geschichte einer Schauspielerin namens Mary Grant (Ingrid Bergman). Sie akzeptiert schließlich die Notwendigkeit, bei der Interpretation bestimmter Episoden aus dem Leben von Jeanne d'Arc in kleinen Details Kompromisse zu

›Arch of Triumph‹ – ›Triumphbogen‹ (1948); mit Charles Boyer.

schließen, um die größeren Wahrheiten der geistigen Bedeutung der ›Jungfrau‹ zu erreichen.

Brooks Atkinson schrieb in *The New York Times:* »Miß Bergman steuert Offenheit, Nachdruck und Licht bei; das alles entspringt ihrem eigenen Reichtum der Wahrnehmung, und so stellt sie eine Johanna religiöser Inspiration und Fabel dar.«

Das Stück war nur auf eine Laufzeit von sieben Monaten beschränkt. Im Frühjahr des folgenden Jahres wurde Ingrid Bergman der Antoinette Perry Award verliehen sowie die Goldmedaille der New Yorker Drama League für die beste Bühnendarstellung des Jahres.

Helen Hayes, die bei der formellen Verleihung den Preis an Ingrid Bergman übergab, sagte: »Wir danken Ihnen dafür, Miß Bergman, daß Sie das Theater zum Broadway zurückgebracht haben!«

Im Kielwasser des Erfolges mit *Joan of Lorraine* konnte es wohl kaum ausbleiben, daß Ingrid Bergman sich entschloß, ihre Konzeption der Jungfrau von Orléans auf die Leinwand zu bringen. Zwar schrieb Maxwell Anderson zusammen mit Andrew Solt das Drehbuch für den Film mit dem Titel *Joan of Arc* (›Johanna von Orleans›), aber unklugerweise trennte man sich vom ›Damals-Jetzt-Schema‹, das bei dem Bühnenstück *Joan of Lorraine* so fasziniert hatte. Statt dessen präsentierte man eine strikt historische Abhandlung über Johanna . . . über ihre Mädchenzeit, über ihre Verurteilung und über ihr Märtyrertum.

Nach einem Jahr intensiver Vorbereitung begannen im Januar 1948 die Dreharbeiten zu diesem Film. Die finanzielle Seite wurde durch eine Partnerschaft abgedeckt: Ingrid Bergman selbst, ihr Ehemann, Produzent Walter Wanger und Victor Fleming, der im Bergman-Film *Dr. Jekyll and Mr. Hyde* (›Arzt und Dämon‹) Regie geführt hatte.

Im Hal-Roach-Studio wurden große Innen- und Außenkulissen gebaut. Dieses Studio lag nicht weit entfernt von den Selznick-Studios, wo die Bergman vor zehn Jahren ihre amerikanische Karriere begonnen hatte.

Berücksichtigt man die vielen Sets, die Tausende von Kostümen und Kulissen, eine enorme Besetzung und zusätzlich die Komplikationen der Technicolor-Fotografie, so überrascht es eigentlich kaum, wenn man erfährt, daß dieser Film fünf Millionen Dollar verschlang . . . eine Million Dollar mehr als Flemings

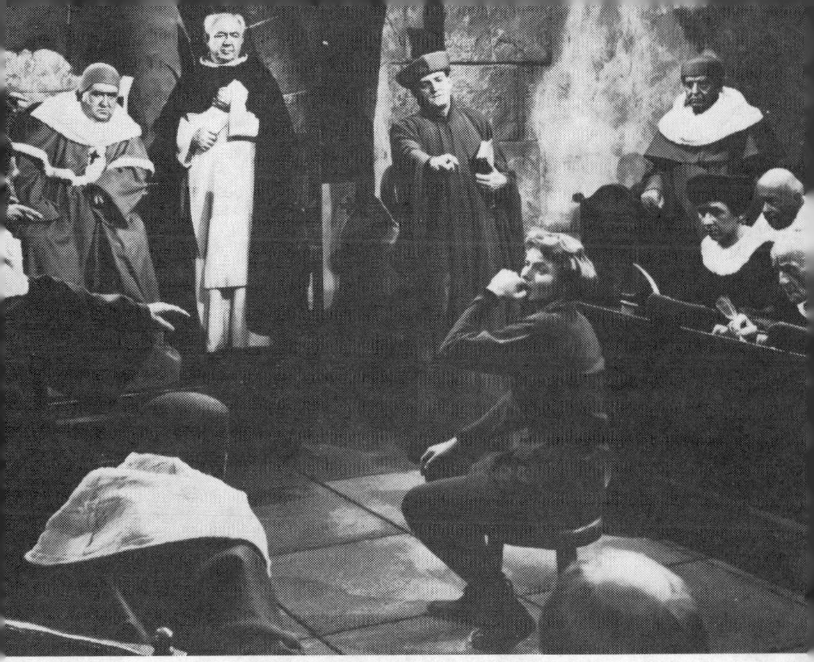

›Joan of Arc‹ – ›Johanna von Orleans‹ (1948); Johannas Verhör.

früherer Film *Gone With the Wind* (›Vom Winde verweht‹). Die Story von *Joan of Arc* (›Johanna von Orleans‹) – der Film wurde von RKO verliehen – folgt dem bekannten Pfad der historischen Fakten; angefangen von den Stimmen, die das blutjunge Mädchen hört, dann ihre Bitten an den Dauphin Charles VII., sie gegen die englischen Invasoren kämpfen zu lassen, ihr triumphaler Sieg bei Orleans, Charles' Krönung in Reims und schließlich Verhaftung, Verurteilung und Hinrichtung des Mädchens durch die Briten und die korrupte Geistlichkeit.

Für den größeren Teil dieses Films von zweieinhalb Stunden Spieldauer präsentiert *Joan of Arc* (›Johanna von Orleans) viele aufwühlende Sequenzen von extremer Pracht.

Aber zuviel vom Film ist bloß leeres Spektakel und fast so etwas wie Comicstrip von einem historischen Höhepunkt zum nächsten.

Relapsed·Heretic
Sorceress
Blasphemer
Idolatress·Apostate

Rechts: ›Joan of Arc‹ – ›Johanna von Orleans‹ (1948); als Mädchen aus Orleans.

Links: ›Joan of Arc‹ – ›Johanna von Orleans‹ (1948); als Johanna.

Anderson hatte mit *Joan of Lorraine* ein intellektuell provokatives, wenn auch nicht gerade klassisches Schauspiel geboten; dagegen bietet das Drehbuch für den Film langschweifige, seichte, banale und wenig geistreiche Dialoge. Laurence Oliviers' aufgeregtes: »Noch einmal in die Bresche, liebe Freunde, noch einmal!« vor der Schlacht von Agincourt in der brillanten 1946er-Produktion von Shakespeares *Henry V.* hallte immer noch in den Ohren der Zuschauer nach. Dagegen hatte Ingrid Bergman nur ein »Vorwärts!« ohne Widerhall, um ihre französischen Soldaten zur Unsterblichkeit zu ermahnen.

Die meisten Kritiker bewunderten Ingrid Bergmans Tapferkeit angesichts des feststehenden Desasters; verständlicherweise verwechseln sie das Schicksal der Schauspielerin mit dem der Heiligen.

Als der Film im November 1948 Premiere hatte, spiegelte *The New York Times* das allgemeine Gefühl wider, als die Zeitung zugab, daß »es bildlich gesehen einer der prächtigsten Filme ist, die jemals gemacht wurden«, schloß aber, daß gerade »das Mysterium, die Bedeutung und Größe des armen Mädchens namens Johanna einfach verpaßt wurden«.

Obwohl Ingrid Bergman erst kürzlich großen Erfolg am Broadway gehabt hatte, war sie soeben in zwei Filmen aufgetreten, die vom Publikum ungünstig aufgenommen wurden. *Joan of Arc* war zwar von den Kritikern schlecht beurteilt worden, fand aber doch weitverbreitete Aufmerksamkeit, besonders in Europa.

Während Ingrid Bergman im Frühjahr 1948 in New York Urlaub machte, sah sie *Paisan,* Rossellinis Fortsetzung von *Città aperto*. In diesem Film werden Ereignisse beim Rückzug der Deutschen durch Italien geschildert.

Wieder war Ingrid Bergman sehr stark beeindruckt von der Kraft und Direktheit des italienischen Filmemachers. Sollte dies der Filmstil der Zukunft sein, so überlegte die Schauspielerin, dann dürfte es für sie wohl am besten sein, sich so schnell wie möglich darauf einzulassen.

In einem weithin zitierten Brief an Rossellini drückte Ingrid Bergman ihre Faszination für seine Filme aus und tat zugleich ihre Hoffnung kund, sich ihm bei einem seiner nächsten Filmabenteuer anschließen zu können.

»Wenn Sie eine schwedische Schauspielerin brauchen, die recht gut Englisch spricht, die ihr Deutsch noch nicht vergessen hat, die in Französisch nicht allzu gut zu verstehen ist und die in Italienisch nur *ti amo* kennt [Diese beiden Wörter hatte sie in *Arch of Triumph* (›Triumphbogen‹) gesprochen], dann bin ich bereit, hinzukommen und einen Film mit Ihnen zu machen.«

Rossellini telegrafierte seinen Dank für ihre Komplimente und für ihr Interesse.

So begann eine von der Presse am meisten ausgeschlachtete Liaison der Zeit . . . sowohl in ehelicher als auch in künstlerischer Hinsicht.

Es ist durchaus zutreffend, daß Ingrid Bergman von ihrer Hollywood-Karriere entmutigt war; daß ihr neuer Film *Under Capricorn* (›Sklavin des Herzens‹), den sie bald unter Alfred Hitchcocks Regie in London machen würde, nichts war, worüber sie hätte in Aufregung geraten können; daß sie und Peter Lindström sich mehr und mehr auseinandergelebt hatten.

Es ist aber auch zutreffend, daß ihr Brief an Rossellini kaum der offene Flirt gewesen war, wie es in der Rückschau dann den Anschein hatte (und daß Rossellini selbst ihn so aufgefaßt haben könnte), sondern die ernstgemeinte Bewerbung einer hingabevollen Schauspielerin um ernsthafte Arbeit.

Jedenfalls begannen im Sommer 1948 für Ingrid Bergman erst einmal die Dreharbeiten für *Under Capricorn* (›Sklavin des Herzens‹). Während dieser Film produziert wurde, trafen sich Ingrid Bergman, ihr Mann und Rossellini an Wochenenden in Paris, um Pläne für *Stromboli* zu diskutieren. Diesen Film hoffte die Schauspielerin mit dem italienischen Regisseur machen zu können.

Im Herbst 1949 kam *Under Capricorn* (›Sklavin des Herzens‹) in den Verleih. Er erwies sich als einer der am wenigsten erfolgreichen Filme von Ingrid Bergman (und Alfred Hitchcock).

Der Film spielt im Jahre 1831 in Sydney, Australien. Die Story ist eine schwülstige, wenig überzeugende Mischung aus hartem Melodrama und Romanze.

Charles Adare (Michael Wilding), Vetter des Gouverneurs (Cecil Parker), ist soeben aus Irland eingetroffen, um in Australien sein Glück zu machen. Er wird von Sam Flusky (Joseph Cotten) zum Dinner eingeladen. Flusky ist ein ehemaliger Sträfling und gilt als Finanzgenie. Jetzt ist er der reiche Ehemann von Charles' Kusine Henrietta (Ingrid Bergman). Charles kommt

›Under Capricorn‹ – ›Sklavin des Herzens‹ (1949); mit Joseph Cotten und Cecil Parker.

dahinter, daß Henrietta eine Alkoholikerin ist. Die gerissen herrschende Haushälterin Milly (Margaret Leighton), die ihren Herrn insgeheim liebt, terrorisiert Henrietta. Charles unternimmt den Versuch, die Gesundheit und das Selbstvertrauen seiner Kusine wiederherzustellen. Dabei verliebt er sich in sie. Sam wird von Milly durch Andeutungen aufgehetzt und provoziert einen Streit, wobei Charles zufällig verletzt wird. Dann gibt Henrietta gegenüber Charles zu, daß sie vor Jahren ihren Bruder in Irland ermordet hat. Sie hatte das Verbrechen begangen, für das ihr Ehemann bestraft und deportiert worden war. Charles entsagt seiner Liebe zu Henrietta, aber bevor er nach Irland zurückkehrt, entlarvt er Milly als hinterhältige Heuchlerin.

Hitchcock sagte über *Under Capricorn* (›Sklavin des Herzens‹): »Es war nicht genügend Humor im Film.« (*Beabsichtigter* Humor könnte durchaus gefehlt haben, aber Texte wie Wildings »Komm fort! Fort von alledem hier«!, was er Ingrid Bergman ins Ohr flüstert, bieten unfreiwillig Anlaß zu herzhaftem Lachen.)

Der Film litt ganz einfach darunter, daß er von nichts genug, aber von allem zuviel hatte. Es gab nicht genügend Spannung und echte Dramatik, nicht genügend Sinn für Realität; daran vermochten auch detaillierte Filigranarbeit und verblüffende Spezialeffekte bei der Schilderung des Hafens von Sydney nichts zu ändern. Es gab zuviel erstickende Studio-Atmosphäre (sogar bei

›Under Capricorn‹ – ›Sklavin des Herzens‹ (1949); mit Margaret Leighton und Joseph Cotten.

Außenaufnahmen hat man nicht das Gefühl, sich tatsächlich im Freien zu befinden), zuviel Geschrei und Gestik. Solche substanzlosen Filme dürften wohl dafür verantwortlich gewesen sein, daß Ingrid Bergman sich von einer frischen Brise nach Süditalien und zu Rossellinis kernigem Neorealismus wehen ließ.

Der Film beginnt an sich recht vielversprechend. Wildings kesse Nonchalance erinnert angenehm an Errol Flynn. Cotten ist in seinen Anfangsszenen aufreizend forsch, aber seine Darstellung wird schon bald unweigerlich mürrisch und ausdruckslos.

Ingrid Bergmans Ophelia-ähnlicher Auftritt bei der Dinnerparty wird exquisit dargestellt, und ihr Aussehen wirkt auf nette Art schockierend . . . überzeugend verhärmt, verschüchtert und tödlich. Aber nach ihrer Einführung als Lady, um die es gar nicht gut bestellt ist, verwandelt sie sich zu plötzlich in eine idolisierte Bergman, in eine perfekte Frau von blühender Gesundheit.

Obwohl Ingrid Bergman sich auf die für sie charakteristische Art vollkommen mit ihrer Rolle identifizierte, bleiben doch andere Darstellungen – sei es nun zum Guten oder Schlechten – länger im Gedächtnis haften: Wildings leichtherziges und liebenswertes Spiel, Parker als übernervöser, aufgebrachter Gouverneur und Margaret Leighton mit ihrem zu stark betonten Mayfair-Benehmen.

Die Sets für das Flusky-Haus – unheimlich treffend ›Why Weepest Thou‹? (Warum weinst du?) genannt – sind der Traum eines Innendekorateurs.

Der Film ist trotz aller beabsichtigten Gothik-Stimmung und -Substanz einfach zu kitschig.

Jack Cardiffs gedämpfte Technicolorfotografie ist eindrucksvoll und zurückhaltend, aber ungeeignet für einen Film, der das gespenstische Schema von *Rebecca* zu wiederholen versuchte.

Finanziell und auch bei den Kritikern war *Under Capricorn* (›Sklavin des Herzens‹) Ingrid Bergmans dritte Enttäuschung hintereinander.

Im Januar 1949 bekam *Paisan* den Preis der New Yorker Filmkritiker als ›Bester fremdsprachiger Film des Jahres‹.

Nachdem Rossellini die Auszeichnung persönlich in Empfang genommen hatte, flog er nach Los Angeles, um weiter über Ingrid Bergmans nächsten Film zu diskutieren. Er wohnte im Gästehaus der Lindströms in Beverly Hills.

›Under Capricorn‹ – ›Sklavin des Herzens‹ (1949); mit Joseph Cotten und Michael Wilding.

»Hollywood ist wie eine Fabrik, die gute Würste herstellt«, meinte der italienische Regisseur und fügte hinzu: »Hier kann ich nicht arbeiten. Ich werde nach Italien zurückgehen, wo ich Freiheit habe.«

Ende Februar kehrte Rossellini dann auch tatsächlich nach Italien zurück.

Am 20. März traf sich Ingrid Bergman mit ihm in Rom.

Scharen von Reportern und Fotografen waren auf dem Flugplatz, um die Ankunft des Stars zu dokumentieren.

Rossellini holte Ingrid Bergman ab und begleitete sie in ihre Suite in Roms elegantem Excelsior-Hotel.

Ingrid Bergmans Suche nach neuen Herausforderungen hatte begonnen.

Die Jahre mit Rossellini

Ingrid Bergmans Verbindung mit Rossellini erschütterte die Filmwelt – und auch die Welt im allgemeinen – bis in die Grundfesten. Daß die geliebte Nonne aus *The Bells of St. Mary's* (›Die Glocken von St. Marien‹) und *Joan of Arc* (›Johanna von Orleans‹) Ehemann und Tochter, ganz zu schweigen von Hollywood, verlassen würde, um sich mit einem Italiener einzulassen, der dem allgemeinen Publikum in Amerika so gut wie unbekannt war, war unverzeihlich.

Daß Ingrid Bergman sich in den italienischen Regisseur verliebte, rief heftigste Kritik hervor, die wohl am besten durch die Schmähung illustriert wird, die Edwin C. Johnson, damals Senator von Colorado, im Senat vorbrachte. Eine Stunde lang wetterte er gegen Ingrid Bergman und bezeichnete sie als »Anhängerin der freien Liebe« und als »machtvollen Einfluß des Teufels«.

Aber jede noch so dunkle Wolke hat ihren Silberstreif, denn der Senator drückte die Hoffnung aus, daß »aus ihrer Asche ein besseres Hollywood kommen möge . . .«

Je größer das Idol, desto widerhallender sein Sturz.

Selznick gab zu, für Ingrid Bergmans öffentliches Image als ›Saint Ingrid‹ verantwortlich zu sein: »Ich stellte einen Presseagenten ein, der als Experte dafür bekannt war, Stars vor der Presse abzuschirmen. Wir veröffentlichten nur Geschichten, die den reinen, hehren Charakter der Schauspielerin unterstrichen. Wir bauten sie absichtlich als normale, gesunde, nichtneurotische Karrierefrau auf, für die es keine Skandale gab. Sie führte ein idyllisches Privatleben. Das führte dann eben zum Rückschlag.«

Stromboli, Terra di Dio, wie der komplette Filmtitel lautet, wurde im Frühjahr und Sommer 1949 gedreht. Er erzählt die Geschichte von Karin (Ingrid Bergman), einem litauischen Flüchtling in einem Internierungslager während des Zweiten Weltkriegs. Sie geht mit ihrem Ehemann (Mario Vitale), einem jungen Fischer, nach Stromboli. Da sie es nicht schafft, einen Rapport mit den Eingeborenen herzustellen, versucht sie verzweifelt zu entrinnen, obwohl sie schwanger ist. Nach einem heftigen Ausbruch des Stromboli-Vulkans erreicht sie den Hafen auf der anderen Seite der Insel, verirrt sich aber und schläft ein.

›Stromboli‹ (1950); während einer Drehpause.

Nach dem Erwachen fleht sie Gott an, ihr zu helfen. »Ich kann nicht mehr zurück!« ruft sie.

Der Film wurde im Februar 1950 in New York uraufgeführt. *The New York Times* drückte die allgemeine Enttäuschung über den neuen Film des Schöpfers von *Città aperto* und *Paisan* wie folgt aus: »Ein Teil der Verantwortung kann wohl der Verleihfirma RKO angelastet werden, denn dem Mysterium und der Verwirrung, die diesen Film ohnehin schon umgibt, wurde auch noch das Gerücht hinzugefügt, daß in Hollywood eine gründliche Überarbeitung vorgenommen wurde . . . Während des ganzen Films ist eine seltsame Lustlosigkeit zu spüren, als hätten sich nicht Meister, sondern ernsthafte Amateure diesen Film erträumt und zusammengestellt.«

Im Februar 1950 gebar Ingrid Bergman den Rossellini-Sohn Robertino. Der Bergman/Rossellini-Skandal entflammte von

Links: Mit Roberto Rossellini.

Rechts: ›Stromboli‹ (1950); mit Mario Vitale.

neuem. Brauchte man jetzt etwa noch mehr Beweise dafür, daß dieses Liebespaar mit seiner Affäre prunkte? Aber Freunde wie Charles Boyer und Cary Grant schickten telegrafische Glückwünsche. So lautete zum Beispiel Grants Nachricht: »Liebste Ingrid, es wäre unmöglich, in einem einzigen Telegramm alle Deine Freunde aufzuzählen, die Dir Liebe und Zuneigung senden!«

Ähnliche Mitteilungen kamen von Helen Hayes, John Steinbeck, Ernest Hemingway, Gary Cooper sowie David O. Selznick und dessen Ehefrau Jennifer Jones.

Eine Woche nach der Geburt von Robertino erreichte Ingrid Bergman eine mexikanische Scheidung von Peter Lindström. Ein paar Tage später heirateten Ingrid Bergman und Roberto Rossellini in Stellvertretung in Juarez, Mexiko. (Rossellini seinerseits

hatte eine Annullierung seiner früheren Ehe durchgesetzt, und zwar mit der Begründung, daß er damals nur unter dem Einfluß von Drogen geheiratet hatte.)

Peter Lindström bekam das Sorgerecht für Pia, die damals zwölf Jahre alt war. Ingrid Bergman wurde das Recht zugestanden, die Tochter während ihrer Schulferien zu sehen.

Im Juni 1952 schenkte Ingrid Bergman ihrem Ehemann Zwillingstöchter: Isotta und Isabella. Als Matrone und Mutter von drei Kindern aus zweiter Ehe gewann Ingrid Bergman einen gewissen grollenden Respekt von vielen Leuten, die zuerst von den Aktionen der Schauspielerin entsetzt gewesen waren.

Die Rossellinis machten weiter Filme. Ironischerweise unterschieden sich diese neuen Filme gar nicht so sehr von den konventionellen Hollywood-Filmen, gegen die Ingrid Bergman damals so heftig rebelliert hatte. Allerdings wiesen auch diese Filme die typischen Rossellini-Merkmale seiner früheren semidokumentarischen Filme auf: Harte Schwarzweiß-Kontraste, Körnigkeit, offensichtliche und ablenkende Dialoge.

Früher hatte die Bergman gegen rührselige Dramen über mutige Frauen rebelliert, die auf sich allein gestellt mit den brutalen Kräften der Welt fertig werden mußten. Ihre jetzigen Filme mit Rossellini ähnelten vom Inhalt her sogar ihren schwedischen Filmen, die sie vor zwanzig Jahren, also noch vor ihrer Hollywood-Karriere, gemacht hatte.

Es wurde bald offenbar, daß Ingrid Bergman keine neue Anna Magnani war; und Rossellini war kein neuer Curtiz, Cukor oder Hitchcock.

Gegen Ende 1951 trat Ingrid Bergman mit Alexander Knox in *Europa '51* auf. Dieser Film wurde Anfang 1954 in den Vereinigten Staaten gezeigt. Es ist ein düsteres Drama über eine Frau, die sich nach dem Tod ihres Sohnes einem Leben selbstloser Hingabe widmet. Als sie aber versucht, einem Banditen zu helfen, der Polizei zu entkommen, wird sie von Ehemann und Familie in eine Nervenheilanstalt geschickt.

The New York Times sympathisierte mit Ingrid Bergman und schrieb in der Kritik: »Dieser unangenehme und trübselige Bericht . . . [sie] verdient etwas Besseres, viel Besseres für ihr nächstes Erscheinen auf der Leinwand.«

Ihr nächster Film für Rossellini war *Ingrid Bergman* aus dem Jahre 1953; eine Zwanzig-Minuten-Episode aus einem fünfteiligen Gesamtfilm namens *Siamo Donne.*

In dieser privaten Vignette versucht Ingrid Bergman (sie spielt sich selbst), ihre Rosenbüsche vor den Verwüstungen durch eine gefräßige Henne zu retten. Sie sperrt das Tier in einen Käfig und will es von ihrem Hund auffressen lassen. Der Vogel wird im allerletzten Moment gerettet. In diesem Film verbringt die Bergman die meiste Zeit nur damit, zornig in fließendem Italienisch zu schreien.

Im Jahre 1953 machte Ingrid Bergman noch den Film *Viaggio in Italia* (›Liebe ist stärker‹) zusammen mit George Sanders. Sie stellen ein ruhiges Ehepaar dar, das nach Neapel gekommen ist, um einen Besitz zu veräußern, der ihm von einem Verwandten

›*Europa '51*‹ *(1952); mit Alexander Knox.*

vererbt wurde. Während Ingrid Bergman einen ausgedehnten Ansichtsbummel macht, langweilt sich Sanders; er wird ruhelos und beschließt, sich von seiner Frau scheiden zu lassen. Aber als beide Zeugen einer religiösen Prozession werden, versöhnen sie sich wieder miteinander und bereinigen ihre Differenzen.

Das französische Filmmagazin *Cahiers de Cinema* führte *Viaggio in Italien* (›Liebe ist stärker‹) als einen der zehn großartigsten

Links:
›Siamo Donne‹
(1953);
mit der hungrigen
Henne.

Rechts:
›Viaggio in Italia‹
– ›Liebe ist
stärker‹ (1953);
mit George
Sanders.

Filme aller Zeiten auf. Nur wenige Betrachter teilen diesen Enthusiasmus.

Eine gekürzte Version des Filmes wurde 1955 unter dem Titel *Strangers* in den Vereinigten Staaten in den Verleih gebracht.

1953 und 1954 trat Ingrid Bergman in Rossellinis Bühnenproduktion von Arthur Honeggers 1938er dramatischem Oratorium *Jeanne d'Arc au bûcher* auf; der Text stammte von Paul Claudel.

Ingrid Bergman trat in der dramatischen Sprechrolle der Johanna auf. Das Bühnenstück mit entsprechender Szenerie und Kostümen wurde an folgenden Orten aufgeführt: La Scala in Mailand; San Carlo Opera, Neapel; Stockholmer Oper; Pariser Oper; Oper in Barcelona; Stoll Theatre, London; außerdem in einem Rundfunkkonzert von BBC. Die Produktion wurde schließlich 1954 in Farbe verfilmt und in Europa unter dem italienischen Titel *Giovanna d'Arc al Rogo* (›Jeanne d'Arc auf dem Scheiterhaufen‹) verliehen.

Da die künstlerische Zusammenarbeit Bergman/Rossellini bisher keine kommerziell erfolgreichen Filme ergeben hatte, wurde es allmählich immer schwieriger, das notwendige Geld zur Finanzierung weiterer Projekte aufzutreiben.

Der letzte gemeinsame Film war eine deutschsprachige Produktion, die im Herbst 1954 in München hergestellt wurde.

Der Film basiert auf einer Story von Stefan Zweig: *Angst* (›Fear‹) und dreht sich um das ehebrecherische Weib eines reichen Industriellen. Die Frau wird erpreßt. Als sie entdeckt, daß der Erpresser auf Anweisung ihres Mannes arbeitet, denkt sie in ihrer Scham und Verzweiflung an Selbstmord. Aber sie findet in ihren Kindern einen Grund zum Weiterleben.

Während *Angst* (›Fear‹) gedreht wurde, heiratete Dr. Lindström – jetzt schon ein bekannter Gehirnchirurg – eine Berufskollegin namens Dr. Agnes Ronanek in Pittsburgh. Im Jahre 1956 wurde ein Sohn – Peter Michael – geboren.

›Giovanna D'Arco Al Rogo‹ – ›Jeanne d'Arc auf dem Scheiterhaufen‹ (1954); hier mit Rossellini.

Anfang 1955 richtete Angelo Solmi, einer von Italiens angesehensten Filmkritikern, einen offenen Brief an die Rossellinis und bat sie, von der Filmszene abzutreten, solange sie dies noch mit einigem Anstand und einer gewissen Würde tun könnten. Er sagte in der einflußreichen Wochenzeitschrift *Oggi,* für die er schrieb: »Nach einem halben Dutzend [Filmen] mit negativen Resultaten steht fest, daß dieses Paar unfähig ist, etwas zu schaffen, was Publikum oder Kritiker akzeptieren könnten. Ingrid Bergman, einst der unbestreitbare Weltstar Nr. 1 und die Nachfolgerin von Greta Garbo, ist in ihren letzten Filmen nur noch ein Schatten ihrer früheren Persönlichkeit.«

Später in diesem Jahr bat Jean Renoir, der distinguierte französische Regisseur von Klassikern wie *Grand Illusion* und *Rules of the Game,* Ingrid Bergman, nach Paris zu kommen und die Hauptrolle in einem Film zu übernehmen, den er eigens für sie geschrieben hatte: *Elena et les Hommes* (›Weiße Margeriten‹, ›Elena und die Männer‹). Das Geld war attraktiv, und so akzeptierte Ingrid Bergman mit Erlaubnis ihres Ehemannes dieses Angebot.

Der Film wurde in Technicolor hergestellt und ist ein leichtes, heiteres Zeitstück im Paris der 1880er Jahre.

Prinzessin Elena (Ingrid Bergman) lernt Henri (Mel Ferrer)

›La Paura‹ – ›Angst‹ (1955); mit Kurt Kreuger.

kennen, der sie dem General Rolland (Jean Marais) vorstellt. Rolland ist Kriegsminister. Elena fühlt sich zum General hingezogen und benutzt all ihre Reize, um ihn zu inspirieren, größeren politischen Ruhm zu erlangen. Da sie aber sehr unbeständig und wankelmütig ist, wendet sie ihre amouröse Aufmerksamkeit erneut Henri zu. Der General gibt seine Pläne für eine Machtergreifung auf.

Trotz des Bestrebens, eine scharfe gesellschaftskritische Satire zu schaffen, wurde der Film offensichtlich nur mit einem recht bescheidenen Budget produziert. So wird zum Beispiel bei einer Parade kaum diese selbst gezeigt, sondern man bekommt in der Hauptsache Zuschauerreaktionen zu sehen.

›Elena et les Hommes‹ – ›Weiße Margeriten‹, ›Elena und die Männer‹ (1956); mit Mel Ferrer.

›Elena et les Hommes‹ – ›Weiße Margeriten‹, ›Elena und die Männer‹ (1956); mit Jean Marais und Mel Ferrer.

Ingrid Bergman in Farbe ist wieder einmal sehr reizend anzuschauen; auch die Kostüme stehen ihr ausgezeichnet. Aber ihr einziger guter Text ist die Antwort an eine Frau, die offenbar sehr von der Tatsache beeindruckt war, es mit einer Prinzessin zu tun zu haben.

»In Polen gibt's einen ganzen Haufen Prinzessinnen«, sagt die Bergman leichthin.

Renoir distanzierte sich entschieden von der überarbeiteten Version, die Warner Brothers im März 1957 in New York in den Verleih brachten ... nachdem Ingrid Bergman für *Anastasia* (nach dem Renoir-Film produziert) einen Academy Award bekommen hatte.

The New York Times schrieb: »Offenbar war sich M. Renoir selbst nicht klar, ob dies ein romantisches Drama oder eine Slapstickfarce sein sollte. Also haben die Schauspieler es ihm auf beide Arten gegeben, unterschiedslos und aus voller Lungenkraft ... Der einzige Hinweis darauf, warum dieses merkwürdige Gebräu hastig bei Paramount gebucht wurde, dürfte wohl darin bestehen, daß Miß Bergman soeben einen Oscar bekommen hat. Sie sollte ihn dazu benutzen, ihn jemandem über den Kopf zu schlagen!«

Während Ingrid Bergman den Renoir-Film machte, bekam sie ein Angebot, entweder in Tennessee Williams' *Cat on a Hot Tin Roof* (›Die Katze auf dem heißen Blechdach‹) oder in Robert Andersons *Tea and Sympathy* auf der Pariser Bühne aufzutreten. Die Rolle im Williams-Schauspiel lehnte Ingrid Bergman mit dem Hinweis ab, daß sie dafür nicht mehr jung genug war. Statt dessen akzeptierte sie die Rolle von Laura Reynolds, einer Frau mittleren Alters in *Tea and Sympathy*. Sie weiht einen scheuen Heranwachsenden in die Mysterien des Sex ein.

Obwohl Ingrid Bergman ganz gut Französisch sprechen konnte, brauchte sie doch nahezu ein Jahr, um diese Rolle zu lernen und ihre französischen Sprachkenntnisse zu perfektionieren.

Die internationalen Jahre

Während Ingrid Bergman ihre Rolle für *Tea and Sympathy* studierte, nahm ihr Leben eine dramatische Wende.

Twentieth Century-Fox hatten die Filmrechte für *Anastasia* erworben, diesem Bühnenerfolg in der Fassung von Guy Bolton nach einem Stück von Marcel Maurette. Das Studio plante eine spektakuläre Farb-Produktion in Cinemascope. Zur Besetzung sollten u. a. auch Yul Brynner und Helen Hayes gehören.

Kay Brown, Ingrid Bergmans alte Freundin, traf in Paris ein und vertrat die Filmgesellschaft. Sie bot der Bergman die Titelrolle an.

Diese Rolle betraf eine mysteriöse Frau, die vielleicht die leibliche Tochter von Zar Nikolaus II. sein könnte, weil sie möglicherweise dem Massaker der russischen Kaiserfamilie im Jahre 1918 entkommen war.

Klugerweise akzeptierte Ingrid Bergman diese Chance für ein Prestige-Comeback in Hollywood.

Auf der anderen Seite konnte sich aber auch Hollywood glücklich schätzen, die Bergman bekommen zu haben.

Während Ingrid Bergman sich im Sommer 1956 auf ihre Rolle im Anderson-Stück vorbereitete, machte sie in London und Paris unter der Regie des in Rußland geborenen Anatole Litvak den Film *Anastasia.*

Anastasia beginnt in Paris im Jahre 1928. Zunächst werden wir mit General Bounine (Yul Brynner), einem Exil-Weißrussen, bekannt gemacht. Zusammen mit zwei Verbündeten (Akim Tamiroff und Sacha Pitoeff) hofft er, eine passende junge Frau zu finden, die man als die vermißte Großherzogin Anastasia ausgeben kann, um so einiges von der Erbschaft von zehn Millionen Pfund kassieren zu können, die der Zar angeblich auf einer Bank außerhalb von Rußland deponiert haben soll.

Für ihren Plan finden sie auch eine vielversprechende Kandidatin (Ingrid Bergman); eine verarmte und offenbar halbverrückte junge Frau, die sich im Stadtviertel St. Cloud in Paris herumtreibt. Diese Frau kann sich nur sehr wenig an ihre Vergangenheit erinnern, ähnelt aber physisch der Großherzogin, wie sie jetzt aussehen müßte, wenn sie noch am Leben wäre.

›Anastasia‹ (1956); mit Akim Tamiroff, Yul Brynner und Sacha Pitoeff.

Die Verschwörer unterziehen ihre Schülerin einem intensiven Lehrgang und Training hinsichtlich der Familiengewohnheiten und Geschichte der Romanows. Merkwürdigerweise sieht diese Frau gewisse Einzelheiten in Romanow-Sitten und individuellen Zügen voraus.

Bounine schreibt dies der fieberhaft erhitzten Fantasie dieser Frau zu.

Schließlich ist die Zeit reif, ›Anastasia‹ der verwitweten Kaiserin Marie (Helen Hayes) vorzustellen, die zusammen mit ihrem

Neffen Prinz Paul (Ivan Desny) und ihrer Hofdame Baroneß von Livenbaum (Martita Hunt) in Kopenhagen im Exil lebt.

Da schon zu oft versucht worden war, irgendwelche untergeschobenen Personen als Kaiserenkelin auszugeben, lehnt es die Kaiserwitwe zunächst ab, diese neue Bewerberin um Anerkennung zu sehen.

Durch die Einmischung von Prinz Paul (der weniger von der Echtheit der Bewerberin überzeugt ist, sondern sich mehr zu ihr hingezogen fühlt) in Verbindung mit der Überredungskunst der Baronesse ist die Kaiserwitwe schließlich damit einverstanden, der angeblichen Großherzogin eine Audienz zu gewähren. Sie hört sich all den vertrauten ›intimen‹ Familienklatsch an und will die Person schon wieder entlassen, als die junge Frau in ihrer Besorgnis plötzlich zu hüsteln anfängt. Die alte Frau erkennt darin eine nervöse Angewohnheit der echten Anastasia und akzeptiert sie voller Freude als Enkelin.

›Anastasia‹ (1956).

›Anastasia‹ (1956); mit Yul Brynner.

Inzwischen haben sich aber Anastasia – falls sie das wirklich ist – und Bounine ineinander verliebt. Beide kehren dem Romanow-Vermögen den Rücken und verschwinden für immer vom Schauplatz.

Gerade darin aber sieht die Kaiserwitwe den endgültigen Beweis, daß es sich bei diesem Mädchen um Anastasia handeln muß, denn nur königliches Blut würde so ungestüm auf ein Riesenvermögen zugunsten der Liebe verzichten.

Als bloße Zusammenfassung verliert die Story sehr viel von ihrem Eindruck.

Ingrid Bergman ist nach ihrer Umwandlung von einer pathetischen, schäbigen Frau zur königlichen Anastasia atemberaubend schön . . . stattlich und würdevoll, aber eben immer noch eine leicht verletzliche Frau, die für den Mann, der sie aus einem ziellosen Leben gerettet hat, leichten Herzens auf immensen Reichtum und Titel verzichten kann.

Als beklagenswerte, gehetzte Frau, die in den Pariser Straßen herumwandert und nahe daran ist, sich in der Seine zu ertränken, wirkt die Schauspielerin absolut überzeugend. Während sie die Informationen ihrer Ausbilder verarbeitet, verändert sich allmählich ihre Persönlichkeit. Sie wird zu einer Person von königlicher Autorität und Befehlsgewalt.

»Wie können Sie es wagen, in meiner Gegenwart zu rauchen?« herrscht sie einen verdatterten Tamiroff an.

Das veranlaßt einen ehemaligen skeptischen Kammerherrn vom Hofe der Romanows zu der interessierten Frage: »Wer *sind* Sie?«

Ingrid Bergmans entscheidende Konfrontation mit Helen Hayes, der *raison d'être* des Stückes und Filmes, ist ein fast opernhaftes Duett: Beharrliches Bitten, schroffe Ablehnung, Verzweiflung und schließlich Anerkennung. Das ist Schauspielerei in ganz großem Stil und faszinierend anzuschauen.

Bis zu dem Punkt, wo Ingrid Bergman – sicher zur Enttäuschung der gespannten Zuschauer – verschwindet (wohl um einer historischen Tatsache gerecht zu werden), ist *Anastasia* ein packender und alles in allem glaubwürdiger Film.

Helen Hayes ist unleugbar eine sehr talentierte Schauspielerin,

›Anastasia‹ (1956); mit Helen Hayes.

aber in der Rolle als Kaiserwitwe ist sie eine Fehlbesetzung. Ihre Gesten sind zu klein, ihr ganzes Verhalten erinnert viel zu stark an eine zu liebe, kleine, alte, amerikanische Dame. Dabei gibt es in der Besetzung jemanden, für den diese Rolle ideal gewesen wäre. Als Baroneß von Livenbaum muß sich Martita Hunt flatterhaft und albern gebärden. (Als sie sich bei Tage mit Yul Brynner zu einem Rendezvous in den Tivoli-Gärten trifft, sprudelt sie heraus: »Ohne Mond ist's doch Verrücktheit!«) Aber ihre Gesten sind großartig und eindrucksvoll. Sie ist prächtig selbstbewußt. Ganz bestimmt hätte sie eine imposante Kaiserwitwe abgegeben und hätte ausgezeichnet zu Ingrid Bergmans Anastasia gepaßt.

Yul Brynner versteht es blendend, die junge Frau, die ziellos in den Pariser Straßen herumgewandert war, davon zu überzeugen, daß sie tatsächlich die verschwundene Anastasia ist.

Alfred Newmans *Anastasia*-Thema ist angemessen majestätisch und slawisch.

Litvaks straffe Regie läßt erfolgreich eine Welt, die schon ein halbes Jahrhundert zurückliegt, wiederauferstehen. Für diese Welt opfert der Zuschauer gern zwei Stunden und ist genauso gern bereit, auf Glaubwürdigkeit zu verzichten.

Aber es ist der Film von Ingrid Bergman. Verzweiflung, Erschöpfung, Mißtrauen, Hysterie, Selbstzweifel, Selbstvertrauen und Jubel ... alle diese Emotionen werden von der Rolle verlangt, und Ingrid Bergman projiziert auch alle.

Nach der Uraufführung von *Anastasia* im Dezember 1956 wurde Ingrid Bergman wieder überall mit überwältigendem Beifall willkommen geheißen.

Bosley Crowther schrieb in seiner Kritik über diesen Film in *The New York Times:* »Eine sehr schön angepaßte Darstellung, die einen Academy Award verdient hat, und besonders wohltuend und befriedigend, wenn man berücksichtigt, daß Ingrid Bergman lange in empfehlenswerten Filmen gefehlt hat.«

Archer Winston von *New York Post* sagte: »*Anastasia* ist ein königlicher Pudding von großartiger Qualität, und Ingrid Bergman ist die unbezahlbare Pflaume darin!«

Alton Cook von *New York World-Telegram* schrieb: »Miß Bergman ist noch der gleiche Sturzbach von Leidenschaft und impulsiver Glut, wie sie es schon war, bevor sie die amerikanischen Filme verließ!«

Ankunft in New York, Ingrid Bergman und Kirk Douglas erhalten den Preis der New Yorker Filmkritik.

Kurz vor der Filmpremiere trat die Schauspielerin vor dem Pariser Publikum in *Tea and Sympathy* auf. Zuschauer und Kritiker lobten ihre Darstellung (und auch ihr makelloses Französisch). Das Stück lief vom 2. Dezember 1956 bis zum 10. Juli 1957 und nach einem Monat Sommerpause auch noch bis Ende Oktober.

Am 19. Januar 1957 – fast genau acht Jahre nachdem sie die Vereinigten Staaten verlassen hatte, um sich mit Roberto Rossellini in Rom zu treffen – kam Ingrid Bergman auf dem Idlewild Airport von New York an und wurde von Tausenden von Fans und Schauspielerkollegen begrüßt. Anlaß war die Verleihung des Preises der New Yorker Filmkritiker als ›Beste Schauspielerin des Jahres‹ für ihre Darstellung in *Anastasia*.

Und am 27. März verlieh ihr die American Academy of Motion Picture Arts and Sciences einen zweiten Oscar.

Cary Grant, der während Ingrid Bergmans ›Exil‹ stets loyal zu ihr gehalten hatte, nahm für sie die Auszeichnung in Empfang.

Ingrid Bergmann und Kirk Douglas mit dem Preis der New Yorker Filmkritik

(Ingrid Bergman war inzwischen nach Paris zurückgekehrt, um dort weiter in *Tea and Sympathy* aufzutreten.)

Grant sagte zu den versammelten Academy-Mitgliedern: »Es ist für mich ein Privileg, diesen Preis für eine so gute Schauspielerin entgegenzunehmen. Liebe Ingrid, wenn du mich über Radio jetzt hören kannst ... alle deine Freunde hier schicken dir herzliche Glückwünsche, Liebe, Bewunderung und viele zärtliche Gedanken!«

Ingrid Bergman war wieder auf dem Gipfel angekommen.

Im folgenden November traten Ingrid Bergman und Cary Grant wieder gemeinsam auf, und zwar in einem etwas bleiernen Soufflé mit dem Titel *Indiscreet* (›Indiskret‹), einer Warner Brothers-Adaptation von *Kind Sir,* Norman Krasnas romantischer Komödie, die mit Mary Martin und Charles Boyer das Broadway-Publikum unterhalten hatte.

Der Film stellt Ingrid Bergmans immer noch strahlende Schönheit zur Schau; weder sie noch ihr Costar sahen aus, als wäre schon ein Jahrzehnt vergangen, seit sie gemeinsam in *Notorious* (›Berüchtigt‹, ›Weißes Gift‹) aufgetreten waren.

Produzent und Regisseur des Films war Stanley Donen, bestens bekannt für seine Regie bei Musicals: *On the Town, Singin' in the Rain* und *Funny Face.*

Der Film dreht sich um Ann Kalman (Ingrid Bergman), eine

Mit Gary Cooper, Lars Schmidt und Pia Lindström.

›Indiscreet‹ – ›Indiskret‹ (1958); mit Cary Grant, Cecil Parker und Phyllis Calvert.

gefeierte und reiche Schauspielerin, deren Schwester und Schwager (Phyllis Calvert und Cecil Parker) sie mit Philip Adams (Cary Grant) bekannt machen, einem amerikanischen Bankier und Diplomaten, der noch ledig ist. Die beiden fühlen sich sofort zueinander hingezogen und beginnen eine Affäre. Aber Philip will einer Heirat aus dem Weg gehen und erzählt deshalb Ann, daß er bereits verheiratet sei. Als sie herausbekommt, daß er *nicht* verheiratet ist, kontert sie – um das Gesicht zu wahren – mit einem ›Verlobten‹ (David Kossoff), der aber in Wirklichkeit nur ihr Chauffeur ist. Nach mehreren Verwechslungen und Mißverständnissen erfährt Philip die Wahrheit über Anns ›Verlobung‹ und macht ihr nun endlich einen Heiratsantrag.

Der Film läuft zwar nur ein wenig länger als anderthalb Stunden, scheint aber viel länger zu sein; trotz der flotten Vorgänge, der strahlenden Technicolor-Welt, die von Reichen bewohnt wird, und der lebhaften Darstellungen der Besetzung.

›Indiscreet‹ – ›Indiskret‹ (1958); mit Cary Grant.

»Wie wagt er es, mit mir Liebe zu machen und nicht ein verheirateter Mann zu sein!« ist einer der herausragenden Texte, die Ingrid Bergman aufzusagen hat.

Aber es macht trotzdem Vergnügen, zwei professionelle Schauspieler bei der Arbeit zu beobachten.

Da Ingrid Bergman ganz klar eine talentierte *farceuse* ist, muß es wirklich überraschen, daß *Indiscreet* (›Indiskret‹) ihre erste Hollywood-Komödie war.

The New York Times stellte über das Komödientalent der Schauspielerin fest: »Bergman kommt als eine höchst charmante Komödiantin heraus; ein Professional, durchaus imstande, einen heiteren, bedeutungslosen Dialog genauso leicht zu bewerkstelligen wie eine dramatische Deklamation.«

Kurz bevor Ingrid Bergman *Indiscreet* (›Indiskret‹) begann, stellte Kay Brown, ihre Freundin und Vertraute aus der Selznick-Zeit, die Schauspielerin einem schwedischen Theater-Impresario namens Lars Schmidt vor, der Stücke in Paris und Stockholm produzierte. Als schwedische Landsleute mit der gleichen Passion fürs Theater wurden die beiden sehr schnell gute Freunde.

In diesem Sommer 1957 besuchte Pia – jetzt neunzehn Jahre alt – ihre Mutter. Die beiden machten eine gemeinsame Reise nach Italien. In Taormina empfing Ingrid Bergman den ›Golden David of Donatello Award‹ für ihre Darstellung in *Anastasia*. Mutter und Tochter, nach sechs Jahren wieder vereint (Pia hatte 1951 ein paar Tage bei ihrer Mutter in London verbracht), kamen fabelhaft miteinander aus.

Im März 1959 begann Ingrid Bergman einen weiteren Film für Twentieth Century-Fox; eine ziemlich lange, üppige und erfolgreiche Version über das Leben von Gladys Aylward, die als britische Missionarin in den frühen 1930er Jahren nach China gegangen war. Eingesetzt als ehemalige englische Kammerzofe, deren Mumm und unerschütterliche Hingabe sie dazu inspiriert, hundert chinesische Waisenkinder zwei Wochen lang über Land zu führen, um sie aus der Gefahrenzone der japanischen Invasoren zu bringen, war Ingrid Bergman bewundernswert. Ihre internationalen Costars waren der britische Schauspieler Robert Donat (er starb kurz nach Vollendung des Films an einem Emphysem) und der deutsche Schauspieler Curd Jürgens.

Gladys Aylward kommt von Liverpool nach London und sucht

›Indiscreet‹ – ›Indiskret‹ (1958); als Ann Kalman.

Auf der Reise durch Italien mit Pia Lindström.

eine Stellung bei der China Missionary Society. Ihre Bewerbung wird jedoch abgelehnt. Sie findet einen Job als Dienstbotin im Haushalt eines Forschers im Ruhestand (Ronald Squire). Mit zielstrebiger Entschlossenheit und strahlendem Optimismus überredet sie ihn dazu, sie einem englischen Missionar zu empfehlen, der in den Bergen von Nordchina lebt. Mit eisernem Geiz kratzt Gladys genügend Geld für die Passage nach China zusammen und trifft schließlich in der Mission ein. Das ist eine umgewandelte Schenke, die von der älteren Sara Lawson (Athene Seyler) geleitet wird. Gladys' Enthusiasmus, die Grundsätze des Christentums mit einer märchenhaften Methode zu lehren, bringt ihr den Namen Jan-Ai ein: Die eine, die liebt.

Inzwischen aber ist Gladys zu einem sanften Ärgernis für den lokalen Mandarin (Donat) geworden. Er versucht, sie von ihrem Bekehrungseifer abzulenken, indem er sie zur offiziellen ›Fuß-Inspektorin‹ ernennt; sie soll dem neuen Gesetz Geltung verschaffen, das fortan verbietet, kleinen Mädchen die Füße durch Anlegen straffer Verbände zu verkrüppeln.

Gladys ist so erfolgreich, daß der Mandarin sie zu achten und zu bewundern beginnt.

Sie lernt einen eurasischen Offizier der chinesischen Armee kennen: Captain Lin Nan (Curd Jürgens), der ins Dorf gekommen ist, um die Bewohner aufzuputschen, sich gegen die japanischen Eindringlinge zu verteidigen. Trotz seiner Bitterkeit gegenüber Abendländern fühlen sich die beiden sehr stark zueinander hingezogen. Bevor er zu den chinesischen Streitkräften zurückkehrt, schenkt er Gladys als Zeichen seiner Liebe einen Jadering und verspricht ihr, daß man sich eines Tages wiedersehen wird.

Die Japaner greifen die Ortschaft aus der Luft und mit Bodentruppen an und zerstören das Dorf.

Aus Dankbarkeit für alles, was Gladys für sein Volk getan hat, wird der sterbende Mandarin Christ.

Tiefgerührt sagt Gladys: »Ich danke Ihnen für dieses große Geschenk!«

(»Ich glaube, wir werden uns niemals wiedersehen!« sind Donats letzte Worte in der Rolle, die er spielt; zugleich aber auch seine letzten Worte als Filmschauspieler.)

Gladys versammelt eine kleine Armee von Kindern um sich. Trotz feindlicher Luftangriffe und Gefahren aller Art erreichen sie sicher die Mission. Gladys tritt dem Mann gegenüber, der ihr damals in London gesagt hatte, daß sie für Missionsarbeit nicht geeignet wäre. Jetzt ist er sehr zerknirscht.

Gladys betrachtet den Ring, den Lin Nan ihr gegeben hatte. Mit erneuter Zielstrebigkeit beginnt sie den langen Treck zurück zur Mission: Schenke der sechsten Glückseligkeit, diesem Ort im Herzen, wo jedermann sein eigenes Schicksal entscheiden muß.

An diesem Film gibt es viele Dinge, die falsch sind. Da ist zunächst die übermäßige Länge. Jede Krise (und eine solche gibt es in fast regelmäßigen Abständen von fünf Minuten) kündigt den Schluß des Films an. Statt dessen aber wird unter Mark Robsons lässiger Regie eine Episode auf die andere gehäuft, so daß die Glaubwürdigkeit allmählich arg strapaziert und in Frage gestellt wird.

Am Anfang wird Ingrid Bergman als ganz einfaches Mädchen geschildert, aber während sich die Bedingungen in China fast täglich verschlechterten, wird die Schauspielerin unerklärlicherweise immer atemberaubend schöner.

Als sich die Krisen und damit auch die Leistungen häufen, blüht Gladys Aylward mehr und immer mehr auf: Sie unterdrückt einen Aufstand im Dorfgefängnis; sie sichert sich die Hilfe einer Gruppe halsabschneiderischer Banditen gegen die Japaner; sie überquert Gebirge; sie kämpft gegen tosende Flüsse an. Das alles tut sie aus selbstübernommener Verantwortung für die Waisenkinder (die sich bemerkenswert gut benehmen und einen erstaunlich gepflegten Eindruck machen). So wird aus Gladys Aylward schließlich Ingrid Bergman, der Star vom Cinemascope- und De-Luxe-Color-Epos.

Doch trotz aller Fehler ist *The Inn of the Sixth Happiness* (›Die Herberge zur sechsten Glückseligkeit‹) ein rührender und inspirierender Film.

Die Berglandschaft von Merionethshire, Wales, dient sehr effektiv als Nordchina; diese Szenerie trägt wesentlich zur überzeugenden Darstellung der Schauplätze des Films bei.

John McCarten, Kritiker bei *The New Yorker,* faßte den Film am besten zusammen, als er schrieb: »Vielleicht sieht Miß Bergman mit ihrer strahlenden Schönheit und strotzenden Gesundheit nicht gerade wie eine Dame aus, die sich dazu entschließen könnte, ihr Leben der Missionsarbeit zu widmen, aber im Verlauf des Films strahlt sie derartige Ehrlichkeit aus, daß wir durchaus bereit sind, alles zu glauben, was sie uns glauben lassen will.«

Nachdem Ingrid Bergman im Dezember 1958 Lars Schmidt geheiratet hatte (ihre Ehe mit Rossellini war von einem italienischen Gericht für null und nichtig erklärt worden), teilte die Schauspielerin ihre Zeit zwischen Bühnen- und TV-Arbeit sowie ihrer Familie.

1959 machte sie ihr amerikanisches TV-Debüt als rätselhafte Erzieherin in James Costigans exzellenter Adaptation von *The Turn of the Screw,* einer klassischen Studie in stummem Terror, die von Henry James verfaßt wurde. Für ihre Darstellung bekam sie den ›Emmy‹ von der Academy of Television Arts and Sciences verliehen.

›The Inn of the Sixth Happiness‹ – ›Die Herberge zur 6. Glückseligkeit‹ (1958); mit Regisseur Mark Robson.

Im Jahre 1961 trat sie mit Rip Torn in *Twenty-four Hours in a Woman's Life* auf, einer schlecht aufgenommenen TV-Version von Stefan Zweigs Story.

Ingrid Bergmans nächster Film war *Goodbye Again* (›Lieben Sie Brahms?‹, 1961), nach dem Roman *Aimez-vous Brahms*

(›Lieben Sie Brahms?‹), mit dem Françoise Sagan versucht hatte, an den Erfolg von *Bonjour Tristesse* anzuknüpfen, ihren ersten Bestsellerroman.

Paula Tessier (Ingrid Bergman), eine wohlhabende Pariser

Innendekorateurin mittleren Alters, ist mehrere Jahre lang die getreue Geliebte von Roger Demarest (Yves Montand) gewesen, der seine Zeit aber zwischen Paula und anderen Frauen teilt. Als Philip Van Der Besh (Anthony Perkins), ein junger Amerikaner, dessen Mutter Paulas berufliche Dienste in Anspruch genommen hat, die schöne Paula kennenlernt, ist er hoffnungslos von ihr hingerissen. Paula erwidert seine Gefühle, und die beiden fangen eine Affäre miteinander an. Als Demarest diese Beziehung entdeckt, will er Paula heiraten. Paula begreift, daß sie sich vor allem wegen Philips Jugend und seiner glühenden Liebesbeteuerungen, aber nicht aus irgendeiner tieferen Empfindung zu ihm hingezogen gefühlt hatte. Sie heiratet Demarest. Von dieser

Links:
›The Inn of the Sixth Happiness‹ – ›Die Herberge zur 6. Glückseligkeit‹ (1958); mit Curd Jürgens und Athene Seyler.

Rechts:
›The Inn of the Sixth Happiness‹ – ›Die Herberge zur 6. Glückseligkeit‹ (1958); mit Robert Donat.

Mit Lars Schmidt und den Rossellini-Kindern im Dezember 1959.

Entwicklung zutiefst getroffen, verläßt Philip nun Paula. Schon bald muß Paula einsehen, daß die Ehe Demarest nicht verändert hat. Wieder verläßt er sie unter irgendwelchen Vorwänden zeitweilig, um sich mit anderen Frauen abzugeben. Jetzt ist Paula ohne Liebe.

Goodbye Again (›Lieben Sie Brahms?‹) ist so durchsichtig und im Ereignisablauf so vorausschaubar, daß wir uns keinen Moment an die Handlung verlieren, sondern statt dessen lieber das atemberaubende Paris betrachten, das Regisseur Anatole Litvak uns für den Preis einer Eintrittskarte sehen läßt. (Am Anfang des Films erklärt z. B. Montand selbstzufrieden und bequem seine unverheiratete Beziehung zu Ingrid Bergman: »Wir lieben beide unsere Freiheit viel zu sehr!« Damit werden doch bevorstehende Gefahren geradezu heraufbeschworen.)

Wir können nur Ingrid Bergmans Dior-Garderobe bewundern und uns darüber freuen, zwei gute Nebendarstellerinnen wiederzusehen, die elegante Jessie Royce Landis und die diamantharte Lee Patrick.

In Zeitungsinseraten wurde dem Kinobesucher versprochen, daß er mit *Goodbye Again* (›Lieben Sie Brahms?‹) erleben würde,

›Goodbye Again‹ – ›Lieben Sie Brahms?‹ (1961); mit Jessie Royce Landis und Yves Montand.

›Goodbye Again‹ – ›Lieben Sie Brahms?‹ (1961); mit Françoise Sagan, Anthony Perkins, Regisseur Anatole Litvak und Yves Montand.

wie »Ingrid Bergman, Yves Montand und Anthony Perkins die Leinwand mit einer schamlosen Affäre erschüttern würden«.

Aber niemand war schockiert. Und worin bestand denn diese ›schamlose Affäre‹? Ingrid Bergman und Yves Montand passen gut zusammen; beide sprechen europäischen Akzent. Das macht den Amerikanern die Sexmoral der Europäer glaubwürdig.

Aber so gefällig Perkins als verliebter Jugendlicher auch ist (er war nahezu dreißig, als der Film gedreht wurde), so verwundert fragt man sich, was eine Frau von Welt wie Ingrid Bergman am jungenhaften Anthony Perkins finden kann.

The New York Times drückte aus, wie lächerlich es doch war, diese beiden Schauspieler zusammen einzusetzen: »[Bergmans] Verhalten Mr. Perkins gegenüber ist das Verhältnis zwischen Mutter und Sohn.«

Die Pariser Kritiker nahmen Ingrid Bergmans Darstellung der Titelrolle in Ibsens *Hedda Gabler* am Théâtre Montparnasse 1962 nicht günstig auf. Ihre Interpretation der destruktiven, neurotischen Ehefrau eines langweiligen Gelehrten wurde im folgenden Jahr im amerikanischen Fernsehen gezeigt.

Zur erstklassigen Besetzung gehörten unter anderem Sir Michael Redgrave, Sir Ralph Richardson und Trevor Howard.

Mit Trevor Howard in der TV-Produktion ›Hedda Gabler‹ während einer Drehpause.

Mit den Rossellini-Zwillingen während einer Drehpause.

Zwar bescheinigten viele Leute der Bergman, daß sie sowohl Boshaftigkeit als auch Pathos projizierte, aber die Schauspielerin bekam von den TV-Kritikern doch recht gemischte Urteile zu hören.

Mit ihrem nächsten Filmabenteuer war Ingrid Bergman schlecht beraten.

Einer der dramatischen Erfolge der 1958er Broadway-Saison war *The Visit* (›Der Besuch‹) gewesen; ein sehr starkes Stück des Schweizer Schriftstellers Friedrich Dürrenmatt.

Alfred Lunt und Lynn Fontanne gaben brillante Darstellungen.

Die Handlung spielt im zeitgenössischen Europa und ist eine geißelnde Anklage gegen menschliche Gier und Rachsucht. Die Story erzählt, was passiert, wenn eine fabelhaft reiche und wohlbekannte internationale Kurtisane in ihr Heimatdorf zurückkehrt, aus dem sie als junges Mädchen verbannt worden war, weil sie sich hatte verführen lassen. Mit einer enormen Geldsumme will sie der örtlichen Wirtschaft helfen. Als Gegenleistung verlangt sie von den Dorfbewohnern, ihr beizustehen, den Mann zu vernichten, der sie vor vielen Jahren verraten hat.

Im Jahre 1964 beschloß Twentieth Century-Fox, das Stück zu verfilmen. Ingrid Bergman sollte die Hauptrolle spielen. Der Film wurde in Roms Cinecittà-Studios in angemessenem Schwarzweiß-CinemaScope gedreht. Als Regisseur wurde Bernhard Wicki verpflichtet, der *Die Brücke* gemacht hatte, einen packenden Film über die Einberufung kleiner Jungen während der letzten, verzweifelten Phase der militärischen Niederlage der Nazis im Zweiten Weltkrieg.

Ingrid Bergman wurde entgegen ihrem Typ als Karla Zachanassian, *la belle dame sans merci,* eingesetzt, aber ihr schauspielerisches Geschick war ausreichend, um die Kinobesucher zu überzeugen, daß sie auf der Leinwand nicht die ›wunderbare Ingrid Bergman‹, sondern eine amoralische, herzlose Frau sahen.

Aber der Film wurde ein künstlerisches – und auch kommerzielles – Desaster.

Abgesehen von Wickis unsicherer Regie war es ein entscheidender Fehler, Anthony Quinn als Serge Miller, Karlas früheren Liebhaber, einzusetzen. Quinn, ein talentierter Schauspieler mit langer Erfahrung, ist am besten und vorteilhaftesten in derben, lebhaften, vollblütigen Rollen wie *Alexis Sorbas* anzuschauen. Als schwacher, wichtigtuerischer Ladenbesitzer, der von den Mitbewohnern des Dorfes verraten wird, wirkt er absolut unglaubwürdig.

Dürrenmatts thematische Feststellung, daß jedermann – ob nun von weltlichem oder kirchlichem Stand – seinen Preis hat, wenn dieser nur hoch genug ist, wird vollkommen zunichte gemacht, als Karla im allerletzten Moment Serge vor dem Tod bewahrt, weil sie das Gefühl hat, daß seine Schuld schon Strafe genug ist dafür, daß er sie damals – wenn auch unbeabsichtigt und unwissentlich – zu professioneller Hurerei getrieben hatte.

›The Visit‹ – ›Der Besuch‹ (1964); mit Ernst Schröder und Anthony Quinn.
Links: ›The Visit‹ – ›Der Besuch‹ (1964); als Karla Zachanassian.

Ingrid Bergman wurde so zurechtgemacht und kostümiert, daß sie von Kopf bis Fuß wie die ›reichste Frau der Welt‹ aussah . . . gebieterisch schön, prächtig gewandet, mit Schmuck behangen. Ihren Text sprach sie abwechselnd mit zwingender Autorität oder eisigem Charme.

Während das Stück in ständig steigendem Maß zeigt, wie grausam der Mensch seinen Mitmenschen gegenüber sein kann, wirkt der Film lediglich schwülstig und auch vage widerwärtig oder geschmacklos.

›The Visit‹ – ›Der Besuch‹ (1964); als Karla Zachanassian.

Judith Crist hatte vollkommen recht, als sie in ihrer Kritik über *The Visit* (›Der Besuch‹) für *New York Herald Tribune* schrieb: »Der Film hat diese Geschichte über Gier und Verrat zu einer trivialen Story über die Rache einer Frau reduziert.«

Für ihren nächsten Film schloß sich Ingrid Bergman mehr als einem Dutzend anderer Stars von größerer oder geringerer Brillanz an, um in *The Yellow Rolls-Royce* (›Der gelbe Rolls-Royce‹) aufzutreten. Der dreiteilige Film in Panavision und Metrocolor verfolgt das Schicksal eines stattlichen alten Automobils, das von einem Besitzer an den nächsten weitergegeben wird.

Das Originaldrehbuch stammte vom britischen Schauspieldichter Terence Rattigan, dessen *Separate Tables* als Bühnenstück und als Film ein großer internationaler Erfolg gewesen war. Als Regisseur für eine imposante Besetzung wurde Anthony Asquith verpflichtet, der schon bei den Filmversionen von *The Winslow Boy* und *The Browning Version* (beides Stücke von Rattigan) Regie geführt hatte.

The Yellow Rolls-Royce (›Der gelbe Rolls-Royce‹) ist eine

›The Yellow Rolls-Royce‹ – ›Der gelbe Rolls-Royce‹ (1965); mit Omar Sharif.

1965er Variation von Julien Duviviers 1942er Filmkompendium über den ständigen Besitzwechsel eines Fracks. Der Film stellt amüsante Unterhaltung für alle diejenigen dar, die Spaß daran haben, sich zwei Stunden lang an folgenden Geschehnissen zu weiden: Ehebruch unter Reichen und britischer Stil der 1930er Jahre (Episode I mit Rex Harrison, Jeanne Moreau und Edmund Purdom); ein amerikanischer Gangster und seine betrügerische Freundin auf einer Tournee durch Italien (Episode II mit George C. Scott, Shirley MacLaine, Alain Delon und Art Carney); eine reiche, hochmütige, amerikanische Witwe, die Bescheidenheit, Demut und die Aufregung einer beiläufigen sexuellen Begegnung mit einem vollkommen Fremden während der Naziinvasion in Jugoslawien im Jahre 1941 kennenlernt (Episode III mit Ingrid Bergman, Omar Sharif und Joyce Grenfell).

In jedem Teil findet die Auflösung des Knotens in sexueller Hinsicht auf dem Rücksitz des gelbschwarzen Wagens aus dem Titel statt.

Ingrid Bergmans Vignette ist die beste der drei. Die Schauspielerin weiß, daß sie nur wenig mehr als eine halbe Stunde Zeit hat, um eine Frau darzustellen, die sich einer nahezu augenblicklichen Charakterumkehrung unterzieht. Also erbringt Ingrid Bergman eine schauspielerische Leistung als *tour de force en miniature.*

Mrs. Gerda Millett ist ein nervöser, frigider Anti-Roosevelt-Snob und scheint nur daran interessiert zu sein, ihren Pekinesen-Schoßhund zu verhätscheln und ihre scheue Sekretärin und Gesellschafterin (Grenfell) gönnerhaft zu behandeln. Dann aber unterstützt sie geradezu glühend jugoslawische Guerillas und benutzt ihren Wagen, um sie von einer Stadt zur anderen zu transportieren. Im Verlauf dieses Unternehmens findet sie im Fond des Wagens für eine Nacht Liebe mit einem Partisanen.

Die Reaktion der Kritiker auf diesen Film war keineswegs überraschend. Die meisten taten den gesamten Film als anachronistische Konfektion ab, die keinerlei Berührung mit den grimmigeren Realitäten der Welt hat. Aber nahezu alle anerkannten das fachmännische Geschick von Ingrid Bergman und Omar Sharif, die »diesem etwas unwahrscheinlichen Abenteuer durch lebhafte und humorvolle Schilderung wenigstens etwas Schwung verlie-

Vorhergehende Doppelseite: ›The Yellow Rolls-Royce‹ – ›Der gelbe Rolls-Royce‹ (1965); mit Omar Sharif.

hen ... Miß Bergmans ungehemmte Witwe ist zwingend und eindrucksvoll«. *(The New York Times)*

Anfang 1964 beteiligte sich Ingrid Bergman an einem anderen Riesenfilm, der zugleich eine sentimentale Rückreise zu den Svenskfilmindustri-Studios bedeutete, wo sie ihre Karriere vor dreißig Jahren begonnen hatte. Der Film hatte den ziemlich sensationellen Titel *Stimulantia* (›Smycket‹) und bestand aus acht Teilen; bei einem Teil führte Ingmar Bergman Regie. Die Episode, in der Ingrid Bergman auftrat, hieß *Smycket,* eine Adaptation von Guy de Maupassants bekannter Kurzgeschichte *Das Halsband.*

Ingrid Bergmans Costar war Gunnar Björnstrand, ein Klassenkamerad aus der Zeit Anfang der 30er Jahre bei der School of the Royal Dramatic Theater.

Außerdem führte bei *Smycket* Gustaf Molander Regie, wie er es schon bei mehreren Bergman-Filmen getan hatte, bevor die Schauspielerin nach Hollywood gegangen war. Der Film kam 1967 in den Verleih.

Stimulantia veranlaßte die Stockholmer Presse, Ingrid Bergmans Rückkehr auf die schwedische Leinwand herzlich zu begrüßen.

Sowohl *Chaplin* als auch *Expressen* stellten fest, daß ›Ingrid Bergman schön ist‹. *Expressen* fügte noch hinzu, daß »es kristallen klingt, wenn sie spricht«. *Chaplin* lobte den Film »als einen ernsten, nüchternen Bericht in bester Svenskfilmindustri-Tradition«.

Im Juni 1965 war Ingrid Bergman bei der Eröffnung des neuen Yvonne Arnaud Memorial Theatre in Guildford, England, behilflich, und zwar in einer Produktion von Iwan Turgenjews *A Month in the Country*. Regie führte Sir Michael Redgrave. Als Stars wirkten außer Ingrid Bergman und Sir Michael Redgrave noch Max Adrian, Daniel Massay und Fay Compton mit. Im September kam das Stück nach dem Cambridge Theatre in Londons West End. Hier übernahmen Emlyn Williams und Jeremy Brett die Rollen für Adrian und Massey.

Ingrid Bergman spielte Natalia Petrovna, eine gelangweilte und rastlose Frau im Rußland des 19. Jahrhunderts. Sie flirtet mit einem Familienfreund und dem stattlichen jungen Lehrer ihres

Mündels. Ihre Versuche, ihr Leben mit Romantik und Aufregung in Bewegung zu bringen, erweisen sich als fruchtlos. Am Ende des Stückes hat sie keine andere Wahl, als die unzufriedene Frau eines reichen Landbesitzers zu bleiben.

Über Ingrid Bergman schrieb die Londoner *Times:* »[Sie ist] eine Schauspielerin, die Modewechseln gegenüber unempfindlich ist; ihre Starqualität als Eisgöttin mit warmen, menschlichen Sympathien bleibt auch nach einem Vierteljahrhundert im Blickpunkt der Öffentlichkeit noch immer intakt. Mehr als irgend eine andere Schauspielerin, die man sich vorstellen kann, verkörpert sie ein stabiles, romantisches Ideal inmitten von Veränderungen.«

1930 schrieb Jean Cocteau *La Voix Humaine,* ein einstündiges Monodrama, dessen Besetzung, Aktion und Hauptrequisit nur aus einer gequälten Frau besteht, die redet, lacht, weint, bittet und droht . . . pausenlos bei einer telefonischen Unterhaltung mit ihrem Liebhaber, der sie verläßt.

Ingrid Bergman zeichnete 1966 das Stück in London auf, und es wurde im Mai 1967 im amerikanischen Fernsehen gezeigt. Sie widmete ihre Darstellung »dem Gedächtnis meines Freundes Cocteau«, der 1963 gestorben war.

Variety bezeichnete Ingrid Bergmans Darstellung als »tiefempfundene Studie über eine Frau am Rande des Selbstmordes . . . Die Stunde (war) denkwürdig . . . und zeichnet die Wärme und das Geschick einer beachtlichen Schauspielerin in Höchstform auf«.

Im September 1967 kehrte Ingrid Bergman in die Welt von Eugene O'Neill zurück. In *More Stately Mansions* trat sie erst in Los Angeles und im folgenden Monat am Broadhurst Theatre in New York auf. Dieses Werk des Schauspieldichters war bisher noch nie produziert worden. Ihre Rolle als despotische Familienmutter einer reichen, aristokratischen Sippe im New England der 1830er und 1840er Jahre war weit entfernt von der drangsalierten Anna Christie, die sie im Jahre 1941 dargestellt hatte. Als materialistische Deborah Harford kämpft die Bergman um die Herrschaft über ihren Sohn Simon (Arthur Hill) gegen dessen gleichermaßen entschlossene Ehefrau Sara (Colleen Dewhurst). Am Ende kann jedoch keine der beiden Frauen Simon auf ihre Seite bringen, und das Leben geht weiter wie zuvor.

›Stimulantia‹ (1967); mit Gunnar Björnstrand.

›In More Stately Mansions‹ (1967) mit Arthur Hill und Colleen Dewhurst.

Rechts: In dem Fernsehfilm ›The Human Voice‹ (1967)

Clive Barnes von *The New York Times* drückte Enttäuschung darüber aus, daß Ingrid Bergmans »zutiefst verwurzelte Anmut (Miß Bergman braucht doch nur die Bühne oder – da bin ich ganz sicher – irgendein Zimmer zu betreten, und jeder Mann, der einen Tropfen Blut oder einen Funken Höflichkeit in sich hat, wird unwillkürlich von seinem Platz aufstehen) . . . macht weniger aus dem merkwürdig ungleichartigen Charakter von Deborah Harford, als man eigentlich hätte hoffen können«.

Auf der anderen Seite lobte Richard Watts jr. in *New York Post* »ihre Geschicklichkeit und ihren charakteristischen Charme«.

Nach über zwanzigjähriger Abwesenheit kehrte Ingrid Bergman im Jahre 1969 nach Hollywood zurück, um hier wieder Filme zu machen. Sie hatte einen Vertrag über zwei Filme mit Columbia abgeschlossen.

Der erste Film war *Cactus Flower* (›Die Kaktusblüte‹) nach dem Broadway-Bühnenerfolg von Abe Burrows, dessen Fassung wiederum auf einer zeitgenössischen französischen Farce von Barillet und Gredy basierte.

I. A. L. Diamonds Drehbuch behielt die meisten komischen Elemente von Burrows amüsantem Script bei.

Stephanie Dickinson (Ingrid Bergman) ist Sekretärin und Sprechstundenhilfe bei Dr. Julian Winston (Walter Matthau), einem wohlhabenden New Yorker Zahnarzt. Winston ist bereits ein Mann in mittlerem Alter und bildet sich ein, Toni Simmons (Goldie Hawn) zu lieben, ein kesses, junges Mädchen aus Greenwich Village. Um seine Affäre mit Toni aufrechtzuerhalten und gleichzeitig zu vermeiden, sie zu heiraten, bittet er Stephanie, als seine Ehefrau und Mutter gemeinsamer Kinder zu posieren.

Stephanie, die schon seit Jahren unheilbar in ihren Chef verliebt ist, begrüßt die Chance, ›Mrs. Winston‹ zu werden, wenn auch nur vorübergehend. Sie beschließt, ihrer Rolle entsprechend auszusehen und Julian zugleich zu zeigen, daß sie mehr ist als nur eine unansehnliche Bürogehilfin. Sie verwandelt sich in eine verblüffend gekleidete Frau und enthüllt ihre lange verborgene Schönheit.

Als Toni Schuldgefühle bekommt, weil ihretwegen eine glückliche Familie zerstört werden könnte, will Julian ihr das ausreden. Zu diesem Zweck bedient er sich der Hilfe seines Freundes Harvey Greenfield (Jack Weston), der sich als Liebhaber der

›Cactus Flower‹ – ›Die Kaktusblüte‹ (1969); als Stephanie Dickinson.

›Ehefrau‹ ausgeben soll. So hofft Julian, Toni beweisen zu können, daß seine Ehe nur noch dem Namen nach besteht.

Inzwischen hat sich Toni aber in Igor Sullivan (Rick Lenz) verliebt, einen jungen Schriftsteller von nebenan.

Eines Abends begegnen Julian und Toni in einer Diskothek Stephanie und Harvey. ›Mrs. Winston‹ sieht strahlend aus und wird der Stimmung des Augenblicks gerecht, in dem sie sich überschwenglich mit Igor abgibt, der am Schauplatz aufgetaucht ist, und dann auch noch mit Toni. Jetzt endlich nimmt Julian von Stephanies strahlender Erscheinung und freundlicher Persönlichkeit Notiz. Stephanie erzählt Toni schließlich die Wahrheit. Als Julian stur darauf besteht, die Maskerade aufrechtzuerhalten, sagt ihm Toni, daß sie alles weiß. Sie informiert ihn auch, daß sie Igor liebt. Julian, ein klügerer – und glücklicherer – Mann, begreift endlich, daß er in Wahrheit die Frau liebt, die er bisher wie selbstverständlich neben sich hingenommen hatte.

Matthaus Fähigkeit zu verschmitzter Komödie wird durch Ingrid Bergmans Talent als *farceuse* auf nette Art ergänzt.

Lauren Bacall, die auf der Bühne als Partnerin von Barry Nelson die Stephanie gespielt hatte, hatte dieser Rolle eine attraktiv ironische, leicht ›rauhere‹ Färbung verliehen.

Aber falls bei Ingrid Bergmans Darstellung überhaupt etwas fehlt, dann allenfalls folgendes: Es gelingt ihr nur sehr schwer, überzeugend die unscheinbare Assistentin eines Zahnarztes in den frühen Sequenzen des Films zu verkörpern! Aber als sie ihrem natürlichen Charme und ihrer Schönheit die Zügel schießen lassen kann, trägt sie ganz wesentlich dazu bei, *Cactus Flower* (›Die Kaktusblüte‹) zu einem höchst erfreulichen Film zu machen.

Bei diesem Technicolorfilm läßt Regisseur Gene Saks klugerweise Ingrid Bergman und Walter Matthau ihre professionelle Erfahrung und ihren beachtlichen Instinkt für Komödie ausspielen.

Für ihre gefällige, fröhliche Darstellung als Toni Simmons erhielt Goldie Hawn einen Academy Award als ›Beste Nebendarstellerin des Jahres‹.

In seiner Kritik über *Cactus Flower* (›Die Kaktusblüte‹) kommentierte *The New York Times,* daß »das Teamwork von Matthau ... [mit] der ultrafemininen Miß Bergman in einem raren Komödien-Unterfangen ein sehr geistreicher Einfall von irgend jemandem gewesen ist ... Diese beiden Stars passen perfekt zueinander«.

›Cactus Flower‹ – ›Die Kaktusblüte‹ (1969); mit Goldie Hawn und Walter Matthau.

›Cactus Flower‹ – ›Die Kaktusblüte‹ (1969); mit Walter Matthau.

›A Walk in the Spring Rain‹ – ›Die Frau des anderen‹ (1970); während einer Drehpause mit Anthony Quinn.

Der andere Film, den Ingrid Bergman für Columbia machte, war *A Walk in the Spring Rain* (›Die Frau des anderen‹) im folgenden Jahr.

Das Drehbuch von Stirling Silliphant basierte auf einem Roman von Rachel Maddux und dreht sich um die unterdrückte, gehemmte Ehefrau eines Professors, die in den Bergen von Tennessee unerwartet Liebe und Tragödie findet.

Libby Meredith (Ingrid Bergman) und ihr wunderlicher Ehemann Roger (Fritz Weaver), Professor der Jurisprudenz, lassen sich in den Smoky Mountains nieder, wo Roger ein Lehrbuch schreiben will. Hier lernen sie ihren Nachbar, den Gelegenheitsarbeiter Will Cade (Anthony Quinn), dessen Ehefrau Annie

(Virginia Gregg) und deren Sohn Boy (Tom Fielding) kennen. Der junge Mann ist in den Zwanzigern.

Während Roger die meiste Zeit mit Schreiben verbringt, verlieben sich allmählich Libby und Will ineinander. Libbys Emotionen schwanken zwischen ihrem neugefundenen Glück mit einem Mann, der leidenschaftlich und doch sanft ist, sowie ihrem Schuldgefühl wegen ihrer Untreue ihrem Ehemann gegenüber.

Boy, der von der Affäre zwischen seinem Vater und Libby weiß, tritt ihr betrunken gegenüber und versucht, mit ihr Liebe zu machen.

Als Will zufällig vorbeikommt und von Boy mit einer Waffe bedroht wird, tötet der Vater versehentlich seinen Sohn.

Später spürt Roger eine Entfremdung zwischen sich und seiner Ehefrau. Er beschließt, mit Libby nach New York zurückzukehren.

Zu Hause hat Libby dann nur noch die Erinnerung an Wills Abschiedsworte: »Ich werde einfach hier warten, weil ich ja doch nirgendwohin gehen werde. Und . . . Libby, Libby . . . ich werde *niemals* sterben!« Die gemeinsame Liebe gehört der Vergangenheit an und kann nur noch in der Erinnerung heraufbeschworen werden.

Trotz der recht abgedroschenen Story gibt es bei *A Walk in the Spring Rain* (›Die Frau des anderen‹) viel Empfehlenswertes.

Neben Charles B. Langs schöner Technicolor-Fotografie der Tennessee-Hills gibt es die rührende Darstellung von Ingrid Bergman als intelligente und sensitive Frau, die erst sehr spät in ihrem Leben zu sexuellem Bewußtsein erwacht.

Der Zuschauer ist geneigt, die Durchsichtigkeit der Story zu vergessen und sich statt dessen darauf zu konzentrieren, gespannt zu beobachten, wie sich die Schauspielerin von einer geduldigen, verständnisvollen Ehefrau und Mutter in eine Frau verwandelt, die von ihrer jäh aufgeflammten Leidenschaft fortgerissen wird und sich auf eine hemmungslose Liebesaffäre einläßt.

Das ist eine Rolle, die irgendeine andere Schauspielerin nur mit Mühe glaubwürdig verkörpern könnte, aber Ingrid Bergmans Geschicklichkeit machte Libby Meredith zu einer durchaus glaubwürdigen und sympathischen Figur.

Quinns Darstellung als unverdorbener Naturbursche, der Dornröschen wachküßt (ein Vergleich mit Mellors in *Lady*

›A Walk in the Spring Rain‹ – ›Die Frau des anderen‹ (1970); mit Anthony Quinn und Tom Fielding.

Chatterley's Lover drängt sich unwillkürlich auf) ist eine seiner besten.

Das Liebesverhältnis der beiden Stars in *A Walk in the Spring Rain* (›Die Frau des anderen‹) funktioniert viel besser als in *The Visit* (›Der Besuch‹).

Die Kritiker urteilten durchweg unfreundlich über diesen Film. Man war mit Regisseur Guy Greens lyrischem und lässigem Tempo nicht einverstanden und bedauerte, daß hier die Intensität von *Brief Encounter* fehlte, einem Film, den viele Kritiker als Kontrast zu *A Walk in the Spring Rain* (›Die Frau des anderen‹) anführten.

Archer Winston stellte in *New York Post* fest, daß »Anthony Quinn und Ingrid Bergman auf sich allein gestellt sind und sich mit einem Script herumschlagen müssen, das selbst sie nicht ganz menschlich und bewohnbar machen können«.

New York Times nannte den Film »ein gräßliches, langweiliges, nicht überzeugendes Drama . . . Miß Bergman sieht zwar reizend aus und gibt sich weidlich Mühe, aber sie scheint nur eine schmollende Frau zu sein, die sich aus Langeweile und aus dem Verlangen nach etwas Neuem einfach in Quinns Arme fallen läßt«.

1972 trat Ingrid Bergman auf einer New Yorker Bühne auf, und zwar in einem begrenzten Engagement von Bernard Shaws *Captain Brassbound's Conversion* am Ethel Barrymore Theatre.

Im vorangegangenen Jahr hatte Ingrid Bergman in London bereits die Rolle von Lady Cicely Waynflete gespielt, einer Frau mit der Neigung, zu ihrer eigenen Zufriedenheit das Leben anderer Leute zu arrangieren. Bevor sie nach New York gekommen war, hatte sie am Opera House of the Kennedy Center for the Performing Arts in Washington, D. C., gespielt.

Zwar lobten alle Kritiker Ingrid Bergman, aber die meisten vertraten auch die Ansicht, daß Shaws Komödie aus dem Jahr 1900 arg veraltet war.

Über die New Yorker Produktion schrieb Walter Kerr in *The New York Sunday Times:* »Dieses frühe Stück von Shaw scheint aus einer Augenblickslaune heraus aufgegriffen worden zu sein, nur um Ingrid Bergman mitten auf die Bühne zu stellen und glänzen zu lassen.«

Variety schrieb: »Der Star ist strahlend schön, aber die Shaw-Komödie ist antiquiert . . . Miß Bergman ist nicht nur visuell

›A Walk in the Spring Rain‹ – ›Die Frau des anderen‹ (1970); als Libby Meredith.

verblüffend anzuschauen, sie hat auch charmante Bühnenpersönlichkeit und fängt die Zuschauer allmählich ein.«

Das Magazin *Time* faßte kurz und bündig die Stardarstellung in einem schwachen Stück wie folgt zusammen: »Reizend anzuschauen, von königlich anmutiger Haltung, mit fremdländischem Akzent . . .«

Ingrid Bergman hat einmal gesagt: »Um in diesem Busineß zu überleben, braucht man ein kurzes Gedächtnis und die Konstitution eines Ochsen.« 1946 war sie Amerikas führender weiblicher Star; 1947 und 1948 gehörte sie zur Liste der zehn Top-Schauspieler(innen); während der Rossellini-Jahre wurde sie zum Kinokassengift. Mit *Anastasia* feierte sie ein triumphales Comeback. Ein Publikum, dessen Einstellung inzwischen aufgeklärter und gepflegter geworden war, fand sie jetzt gerade aus denjenigen Gründen so faszinierend, aus denen man sie zehn Jahre früher verdammt hatte.

Aber außer diesem vorübergehenden Auf und Ab gibt es noch eine bedeutsamere und beeindruckendere Tatsache. Einige der englischsprachigen Filme dieser Schauspielerin weisen unleugbare Schwächen auf; dennoch gehört etwa die Hälfte von ihnen zu den profitabelsten Filmen aller Zeiten. So stand es in *Varietys* 67th Anniversary Edition (1973) zu lesen.

Die zehn Filme in der Reihenfolge ihrer Einspielergebnisse sind: *Cactus Flower* (›Die Kaktusblüte‹) *The Bells of St. Mary's* (›Die Glocken von St. Marien), *For Whom the Bell Tolls* (›Wem die Stunde schlägt‹), *The Yellow Rolls-Royce* (›Der gelbe Rolls-Royce‹), *Anastasia, Spellbound* (›Ich kämpfe um dich‹), *Notorious* (›Berüchtigt‹, ›Weißes Gift‹), *The Inn of the Sixth Happiness* (›Die Herberge zur 6. Glückseligkeit‹), *Saratoga Trunk* (›Spiel mit dem Schicksal‹) und *Joan of Arc* (›Johanna von Orleans‹).

Es mag überraschen, daß in dieser Aufzählung der Film *Casablanca* fehlt; immerhin erfreute er sich langanhaltender Popularität und wird auch heutzutage immer noch häufig gezeigt. Aber hier muß man berücksichtigen, daß die Studios nach dem anfänglichen Verleih des Films die weiteren Einspielergebnisse nicht mehr meldeten.

Während der letzten Jahre hat Ingrid Bergman ihre Karriere zwischen Filmen, Bühne, Fernsehen und ihrer Familie geteilt. Ihre Kinder aus der Ehe mit Rossellini leben die meiste Zeit bei

Mutter und Stiefvater im Landhaus in Choisel, Frankreich, etwa fünfundzwanzig Meilen von Paris entfernt, sowie im Haus auf Danholmen vor der schwedischen Küste.

Im Alter von 57 Jahren wurde Ingrid Bergman Großmutter; ihre Tochter Pia, jetzt Mrs. Joseph Daly und Nachrichtensprecherin für NBC-Television, schenkte am 7. Dezember 1972 ihrem Sohn Justin Christopher das Leben.

Ingrid Bergman verspürt noch nicht den Wunsch, sich auf ihren Lorbeeren auszuruhen.

»Mir macht das Alter keine Angst«, sagt sie. »Stellen Sie sich doch bloß mal all die wunderbaren Rollen vor, die ich mit siebzig werde spielen können!«

Nach vierzig Jahren vor Publikum hat Ingrid Bergman die Absicht, immer noch weiter zu arbeiten.

Ingrid Bergman hat einmal die Hoffnung ausgedrückt, daß auf ihrem Grabstein stehen möge: *Sie ist noch am allerletzten Tag ihres Lebens aufgetreten . . . hier ruht eine gute Schauspielerin.*

Ingrid Bergman ist viel zu bescheiden. Millionen, die sie gesehen haben, sei es nun auf der Leinwand, auf der Bühne oder im Fernsehen, würden darauf bestehen, daß sie eine großartige Schauspielerin ist, deren rare Sensitivität und frauliche Wärme noch immer ihren ganz speziellen Schimmer verbreiten.

Nach einer Pause von vier Jahren trat Ingrid Bergman erneut vor die Kamera – diesmal in einem nach klassischen Vorbildern gefertigten Kriminalfilm. *Murder on the Orient Express* (›Mord im Orient-Expreß‹) wurde von Sidney Lumet nach einem Roman von Agatha Christie in Szene gesetzt und mit einem gewaltigen Star-Aufgebot auf Erfolgskurs gebracht. Neben Ingrid Bergman spielten Richard Widmark, Lauren Bacall, Martin Balsam, Sean Connery, Anthony Perkins, Vanessa Redgrave und Michael York. Ingrid Bergman spielte eine schwedische Missionarin und bekam für diese Rolle einen Oscar als ›Beste Darstellerin einer Nebenrolle‹. Trotz ihrer großartigen Leistung und der stimmungsvollen Fotografie konnte das Zugdrama aber nicht voll überzeugen und kam nicht an die Spannung der Buchvorlage heran. Die Stars waren sich selbst im Wege.

1976 spielte Ingrid Bergman an der Seite von Liza Minnelli und (wieder einmal) Charles Boyer eine Charakterrolle, die im krassen Gegensatz zu ihrer Einstellung im wirklichen Leben stand und gerade deshalb so interessant für sie war. *A Matter of Time* erzählt die Geschichte einer alternden Contessa, die einst zu den schönsten und begehrenswertesten Frauen der Oberen Zehntausend gehört hat. Jetzt, mit 72 Jahren, vegetiert sie in einem schäbigen römischen Hotel dahin und zehrt nur von ihren Erinnerungen. Ihre einzige Freundin ist das Zimmermädchen Nina (Liza Minnelli), ein einfaches Mädchen vom Lande, die begeistert ihren Erzählungen von der guten alten Zeit lauscht und ihr Leben auch körperlich nachempfindet.

Als ihren letzten Film bezeichnet Ingrid Bergman den unter der hervorragenden Regie von Ingmar Bergman entstandenen Streifen *Höstsonaten* (›Herbstsonate‹), der 1978 entstand. Sie habe in ihrem ersten amerikanischen Film *(Intermezzo)* eine Konzertpianistin gespielt und jetzt wieder, so daß man ihre Karriere als abgerundet betrachten könnte. Das einfühlsame Seelendrama führt zwei der besten Schauspielerinnen vor die Kamera und gehört zu den besten und sensibelsten Filmen, die der schwedische Regisseur aufzuweisen hat. Ingrid Bergman und Liv Ullmann bringen die stille Tragik ihrer Probleme so überzeugend auf die Leinwand, daß alle Kritiker des Lobes voll waren.

Die Filme von Ingrid Bergman

Der Name des Regisseurs folgt dem Uraufführungsdatum. Ein (C) hinter dem Uraufführungsdatum bedeutet Colorfilm. DB = Drehbuch; b/a = basiert auf.

1. **Munkbrogreven** Svenskfilmindustri, 1934. *Edvin Adolphson und Sigurd Wallen.*
   DB: Gosta Stevens; b/a auf dem Stück *Greven fran Gamla Sta'n* von Arthur und Sigfried Fischer.
   Besetzung: Valdemar Dahlquist, Sigurd Wallen, Edvin Adolphson.
   Ingrid Bergman in einer kleineren Rolle als Hotelzimmermädchen.
2. **Branningar.** Svenskfilmindustri, 1935. *Ivar Johansson.* DB: Ivar Johansson; b/a einer Idee von Henning Ohlssen.
   Besetzung: Sten Lindgren, Tore Svennberg, Carl Strom.
   Fischertochter (Bergman) zieht uneheliches Kind von ihr und Pastor groß.
3. **Swedenhielms.** Svenskfilmindustri, 1935. *Gustaf Molander.* DB: Stina Bergman; b/a Stück von Hjalmar Bergman.
   Besetzung: Gösta Ekman, Karin Swanstrom, Bjorn Berglund, Hakan Westergren.
   Reiches Mädchen (Bergman) erringt Liebe eines armen, aber stolzen Wissenschaftlersohnes.
4. **Valborgsmassoafton.** Svenskfilmindustri, 1935. *Gustav Edgren.*
   DB: Oscar Rydquist und Gustaf Edgren; b/a ihrer Original-Story.
   Besetzung: Lars Hanson, Victor Sjöström, Karin Carlsson.
   Ingrid Bergman als Frau, die einen unglücklich verheirateten Mann liebt.
5. **Intermezzo.** Svenskfilmindustri, 1936. *Gustaf Molander.* DB: Gustaf Molander und Gosta Stevens; b/a Story von Gustaf Molander.
   Besetzung: Gosta Ekman, Inga Tidblad, Hugo Bjorne.
   Ingrid Bergman als Konzertpianistin, die eine Liebesaffäre mit einem verheirateten Geiger hat.
6. **Pa Solsidan.** Svenskfilmindustri, 1936. *Gustaf Molander.* DB: Oscar Hemberg und Gosta Stevens; b/a Stück von Helge Krog.
   Besetzung: Lars Hanson, Edvin Adolphson, Marianne Lofgren.
   Ingrid Bergman als Frau, die unabsichtlich bei ihrem Mann Eifersucht auslöst.
7. **Dollar.** Svenskfilmindustri, 1938. *Gustaf Molander.* DB: Stina Bergman und Gustav Molander: b/a Stück von Hjalmar Bergman.
   Besetzung: Georg Rydeberg, Kotti Chave, Tutta Rolf, Hakan Westergren.

Ingrid Bergman als Ehefrau eines reichen Geschäftsmannes; beide lassen sich auf eheliches Durcheinander ein.

8. **En Kvinnas Ansikte.** Svenskfilmindustri, 1938. *Gustaf Molander.* DB: Gosta Stevens; b/a Stück *Il était une Fois* von François de Croisset.
Besetzung: Anders Henrikson, Gunnar Sjoberg, Georg Rydeberg.
Erpresserin mit vernarbtem Gesicht (Bergman) gelangt wieder zu Schönheit und Ehrbarkeit
Remake mit Joan Crawford von MGM im Jahre 1941.

9. **Die vier Gesellen.** UFA, 1938. *Carl Froelich.* DB: Jochun Huth; b/a Stück von Jochun Huth.
Besetzung: Carsta Löck, Sabine Peters, Ursula Herking, Hans Söhnker, Leo Slezak.
Karrierefrau (Bergman) gibt Beruf für Ehe auf.

10. **En Enda Natt.** Svenskfilmindustri, 1939. *Gustaf Molander.* DB: Gosta Stevens; b/a Story *En Eneste Natt* von Harald Tandrup.
Besetzung: Edvin Adolphson, Olof Sandborg, Aino Taube.
Mündel (Bergman) von reichem Aristokraten widersetzt sich Annäherungen seines unehelichen Sohnes.

11. **Intermezzo: A Love Story** *(Intermezzo).* Selznick International-United Artists, 1939. *Gregory Ratoff.* DB: George O'Neill; b/a Drehbuch von Gösta Stevens und Gustaf Molander.
Besetzung: Leslie Howard, Edna Best, John Halliday, Cecil Kellaway.
Selznicks Remake des schwedischen Films und Ingrid Bergmans amerikanisches Filmdebüt.

12. **Juninatten.** Svenskfilmindustri, 1940. *Per Lindberg.* DB: Ragnar Hylten-Cavallius; b/a Story von Tora Nordstrom-Bonnier.
Besetzung: Gunnar Sjoberg, Carl Strom, Olof Widgren.
Nachdem ein Mädchen (Bergman) von seinem brutalen Liebhaber beinahe umgebracht worden war, findet es Glück bei einem verständnisvollen Mann.

13. **Adam had Four Sons** (›Adam hatte 4 Söhne‹) Columbia, 1941. *Gregory Ratoff.* DB: William Hurlbut und Michael Blankfort; b/a Roman *Legacy* von Charles Bonner.
Besetzung: Warner Baxter, Fay Wray, Susan Hayward, Helen Westley, Richard Denning.
Französische Gouvernante (Bergman) verdient sich die liebevolle Zuneigung der Familie und gewinnt die Liebe des verwitweten Vaters.

14. **Rage in Heaven** (›Gefährliche Liebe‹). MGM, 1941. *W. S. Van Dyke II.* DB: Christopher Isherwood und Robert Thoeren; b/a Roman von James Hilton.
Besetzung: Robert Montgomery, George Sanders, Lucile Watson, Oscar Homolka.
Ingrid Bergman als Ehefrau eines psychotischen Mannes, der sie der Untreue verdächtigt.

15. **Dr. Jekyll and Mr. Hyde** (›Arzt und Dämon‹). MGM, 1941. *Victor Fleming*. DB: John Lee Mahin; b/a Roman von Robert Louis Stevenson.
Besetzung: Spencer Tracy, Lana Turner, Donald Crisp, Ian Hunter.
Ingrid Bergman wird als Bardame das Opfer des teuflischen Mr. Hyde.
16. **Casablanca** (›Casablanca‹). Warners, 1942. *Michael Curtiz*. DB: Julius J. und Philip G. Epstein sowie Howard Koch; b/a Stück *Everybody Comes to Rick's* von Murray Burnett und Joan Alison.
Besetzung: Humphrey Bogart, Paul Henreid, Claude Rains, Conrad Veidt, Sydney Greenstreet, Peter Lorre, S. Z. Sakall, Dooley Wilson.
Ingrid Bergman als Frau, die zwischen ihrer Liebe zu einem Cafébesitzer und der Pflicht ihrem Ehemann gegenüber hin und her gerissen wird.
17. **Swedes in America.** Office of War Information, 1943. *Irving Lerner*. Dokumentarfilm, hergestellt für OWI's Overseas Motion Picture Bureau.
Ingrid Bergman besucht schwedische Farmerfamilien in Minnesota.
18. **For Whom the Bell Tolls** (›Wem die Stunde schlägt‹). Paramount, 1943. (C) *Sam Wood*. DB: Dudley Nichols; b/a Roman von Ernest Hemingway.
Besetzung: Gary Cooper, Katina Paxinou, Akim Tamiroff, Vladimir Sokoloff.
Ingrid Bergman als Heldin Maria, die während des spanischen Bürgerkriegs in Liebe und Intrige verwickelt wird.
19. **Gaslight** (›Das Haus der Lady Alquist‹). MGM, 1944. *George Cukor*. DB: John Van Druten, Walter Reisch und John L. Balderstone; b/a Stück *Angel Street* von Patrick Hamilton.
Besetzung: Charles Boyer, Joseph Cotten, Angela Lansbury, Dame May Whitty.
Ingrid Bergman als gequälte Ehefrau eines mordwütigen Diebes.
20. **The Bells of St. Mary's** (›Die Glocken von St. Marien‹). RKO, 1945. *Leo McCarey*. DB: Dudley Nichols; b/a Story von Leo McCarey.
Besetzung: Bing Crosby, Henry Travers, Ruth Donnelly, William Gargan.
Ingrid Bergman als Nonne, die von einem Priester tieferes menschliches Verständnis lernt.
21. **Spellbound** (›Ich kämpfe um dich‹). Selznick-United Artists, 1945. *Alfred Hitchcock*. DB: Ben Hecht; b/a Roman *The House of Dr. Edwardes* von Francis Beeding; Adaptation von Angus MacPhail.
Besetzung: Gregory Peck, Leo G. Carroll, Michael Chekhov, Jean Acker, Donald Curtis, Rhonda Fleming, Norman Lloyd, John Emery, Paul Harvey, Steven Geray, Erskine Sanford, Janet Scott, Victor Kilian, Wallace Ford.

Psychiaterin (Bergman) verhilft schuldgeplagtem Mann, der sein Gedächtnis verloren hat, wieder zu geistiger Gesundheit.

22. **Saratoga Trunk** (›Spiel mit dem Schicksal‹). Warners, 1945. *Sam Wood.* DB: Casey Robinson; b/a Roman von Edna Ferber.
Besetzung: Gary Cooper, Flora Robson, Jerry Austin, Florence Bates, John Warburton.
Kreolische Abenteurerin (Bergman) findet Liebe in Saratoga Springs.

23. **Notorious** (›Berüchtigt‹, in Fernsehfassung, vorher ›Weißes Gift‹ in der Filmversion). RKO, 1946. *Alfred Hitchcock.* DB: Ben Hecht.
Besetzung: Cary Grant, Claude Rains, Louis Calhern, Mme. Leopoldine Konstantin, Ivan Triesault, Reinhold Schünzel, Moroni Olsen.
Ingrid Bergman als Tochter eines deutschen Spions schließt sich gefährlicher Mission an, um in Rio de Janeiro Naziflüchtlinge zu entlarven.

24. **Arch of Triumph.** (›Triumphbogen‹). Enterprise-United Artists, 1948. *Lewis Milestone.* DB: Lewis Milestone und Harry Brown; b/a Roman von Erich Maria Remarque.
Besetzung: Charles Boyer, Charles Laughton, Louis Calhern, Stephen Bekassy.
Halbweltdame (Bergman) wird von einem Mann, der sie liebt, vom Selbstmord gerettet, kehrt aber zur Sittenlosigkeit zurück.

25. **Joan of Arc** (›Johanna von Orleans‹). Sierra Pictures-RKO, 1948. (C) *Victor Fleming.* DB: Maxwell Anderson und Andrew Solt; abgeleitet vom Stück *Joan of Lorraine* von Maxwell Anderson.
Besetzung: José Ferrer, Francis L. Sullivan, Sheppard Strudwick, Cecil Kellaway.
Ingrid Bergman als französische Heroine, die auf dem Scheiterhaufen verbrannt wird.

26. **Under Capricorn** (›Sklavin des Herzens‹). Transatlantik-Warners, 1949. (C) *Alfred Hitchcock.* DB: James Bridie; b/a Roman von Helen Simpson in der Adaptation von Hume Cronyn.
Besetzung: Joseph Cotten, Michael Wilding, Margaret Leighton, Cecil Parker.
Willensschwache Frau (Bergman) gerät in unglückliche Ehe.

27. **Stromboli** (›Stromboli‹). RKO, 1950. *Roberto Rossellini.* DB: Roberto Rossellini, mit Mario Vitale, Renzo Cesana, Mario Sponza.
Ingrid Bergman als Ehefrau eines Fischers, der gegen das primitive Leben auf einer italienischen Insel rebelliert.

28. **Europa '51** (›Europa '51‹). Ponti-De Laurentiis, 1952, I.F.E. Releasing Corp., 1954 (U.S.) *Roberto Rossellini.* DB: Roberto Rossellini, Sandro de Leo, Mario Pannunzio, Ivo Perilli, Brunello Rondi.
Besetzung: Alexander Knox, Ettore Giannini, Giulietta Masina.
Nach dem Tode ihres Sohnes wird eine Frau (Bergman) von Philanthropie besessen und für verrückt gehalten.

29. **Siamo Donne.** Titanus, 1953. *Roberto Rossellini.* DB: Cesare Zavattini und Luigi Chiarini (Bergman-Segment).
Besetzung: Albamarie Setaccioli.
Im dritten (›Ingrid Bergman‹) von fünf Episodenfilmen schützt Ingrid Bergman ihren Rosengarten vor Hühnern.
30. **Viaggio in Italia** (›Liebe ist stärker‹). Titanus, 1954, in USA als *Strangers* gezeigt (1955). *Roberto Rossellini.* DB: Roberto Rossellini und Vitaliano Brancati.
Besetzung: George Sanders, Paul Muller, Anna Proclemer.
Nachdem eine englische Frau (Bergman) und ihr Ehemann an einem religiösen Festival in Neapel teilgenommen haben, beschließen sie, sich nicht zu trennen.
31. **Giovanna d' Arco al Rogo.** Produzione Cinematografiche Associate (Rom) Franco-London Film (Paris), 1954. (C) *Roberto Rossellini;* b/a Oratorium von Arthur Honegger und Paul Claudel.
Besetzung: Tullio Carminati, Giacinto Prandelli, Saturno Meletti.
Ingrid Bergman in Sprechrollen als zu Tode gemarterte Johanna.
32. **La Paura** (›Angst‹). Minerva 1955. *Roberto Rossellini.*
DB: Roberto Rossellini, Sergio Amidei, Franz Graf Treuberg; b/a Story von Stefan Zweig.
Besetzung: Matthias Wieman, Renate Mannhardt, Kurt Kreuger.
Ingrid Bergman als Frau, die in Ehebruch und Erpressung verwickelt wird.
33. **Elena et les Hommes** (›Weiße Margeriten‹). Franco-London Film / Films Gibé (Paris) Electra Compania Cinematografica (Rom), 1956. (C) In den USA von Warners im Jahre 1957 als *Paris Does Strange Things* verliehen.
Jean Renoir. DB: Jean Renoir.
Besetzung: Jean Marais, Mel Ferrer, Juliette Greco.
Ingrid Bergman als polnische Prinzessin in Paris, wo sie in politischen Intrigen herumpfuscht.
34. **Anastasia** (›Anastasia‹). 20th Century-Fox 1956. (C) *Anatole Litvak.*
DB: Arthur Laurents; b/a Stück von Marcel Mauratte in der Adaptation von Guy Bolton.
Besetzung: Yul Brynner, Helen Heyes, Martita Hunt, Akim Tamiroff.
Ingrid Bergman treibt sich in Paris herum und gibt sich als Erbin des Romanow-Vermögens aus.
35. **Indiscreet** (›Indiskret‹). Warners 1958. (C) *Stanley Donen.*
DB: Norman Krasna; b/a Stück *Kind Sir* von Norman Krasna.
Besetzung: Cary Grant, Cecil Parker, Phyllis Calvert, David Kossoff.
Romantisches Mißverständnis zwischen berühmter Schauspielerin (Bergman) und amerikanischem Diplomat.
36. **The Inn of the Sixth Happiness.** (›Die Herberge zur 6. Glückseligkeit‹). 20th Century-Fox 1958. (C)

Mark Robson. DB: Isobal Lennart; b/a Roman *The Small Woman* von Alan Burgess.
Besetzung: Robert Donat, Curd Jürgens, Athene Seyler, Ronald Squire.
Missionarin (Bergman) in China bringt Waisenkinder während der japanischen Invasion in Sicherheit.

37. **Goodbye Again.** (›Lieben Sie Brahms?‹). United Artists, 1961. *Anatole Litvak.*
DB: Samuel Taylor; b/a Roman »Lieben Sie Brahms?« von F. Sagan.
Besetzung: Yves Montand, Anthony Perkins, Jessie Royce Landis.
Innendekorateurin (Bergman) verläßt Geliebten für eine Affäre mit jungem Amerikaner.

38. **The Visit.** (›Der Besuch‹). 20th Century Fox, 1964. *Bernhard Wicki.*
DB: Ben Barzman; b/a auf der Komödie »Der Besuch der alten Dame« von Friedrich Dürrenmatt.
Besetzung: Anthony Quinn, Irina Demick, Valentina Cortese, Ernst Schröder.
Fabelhaft reiche Frau (Bergman) besticht armes Dorf, um den Mann zu töten, der sie betrogen hat.

39. **The Yellow Rolls-Royce** (›Der gelbe Rolls-Royce‹). MGM, 1965. (C) *Anthony Asquith.*
DB: Terence Rattigan.
Besetzung: Omar Sharif, Joyce Grenfell, Wally Cox.
In der letzten Episode eines dreiteiligen Films hat reiche amerikanische Witwe (Bergman) flüchtige Kriegszeitaffäre mit jugoslawischen Anti-Nazi-Partisanen.

40. **Stimulantia.** Omnia, 1967. *Gustaf Molander.*
DB: Gustaf Molander; b/a »The Necklace« von Guy de Maupassant.
Besetzung: Gunnar Björnstrand, Gunnel Broström.
In achtteiligem Film sparen arme Frau (Bergman) und ihr Ehemann, um ein verlorengegangenes Diamantenhalsband zu ersetzen, das sich jedoch als Imitation herausstellt.

41. **Cactus Flower** (›Die Kaktusblüte‹). Columbia, 1969. (C) R: *Gene Saks.*
DB: I.A.L. Diamond; b/a Stück von Abe Burrows in der Adaption von Barillet und Gredy.
Besetzung: Walter Matthau, Goldie Hawn, Jack Weston, Rick Lenz.
Unansehnliche, einfache Zahnarztassistentin (Bergman) erblüht zu Schönheit und heiratet ihren Chef.

42. **A Walk in the Spring Rain** (›Die Frau des anderen‹). Columbia, 1970. (C) R: *Guy Green.*
DB: Stirling Silliphant; b/a Roman von Rachel Maddux.
Besetzung: Anthony Quinn, Fritz Weaver, Katherine Crawford, Tom Fielding, Virginia Gregg.

Ehefrau (Bergman) eines Juraprofessors findet kurzes Glück in einer Affäre mit Gelegenheitsarbeiter in den Tennessee-Hills.

43. **The Hideaways** (›Die Ausreißer‹). Westfall/United Artists, 1973. (C) R: *Fielder Cook.* DB: Blanche Hanalis; b/a einem Roman von E. L. Konigsburg.
Besetzung: Sally Parger, Johnny Doran, George Rose, Richard Mulligan.

44. **Murder on the Orient Express** (›Mord im Orient-Expreß‹). EMI, 1974. (C) R: *Sidney Lumet.*
DB: Paul Dehn; b/a Roman von Agatha Christie.
Besetzung: Albert Finney, Lauren Bacall, Martin Balsam, Jacqueline Bisset, Jean-Pierre Cassel, Sean Connery, John Gielgud, Wendy Hiller, Anthony Perkins, Vanessa Redgrave, Richard Widmark, Michael York.
Greta Ohlsson (Bergman) ist eine der vielen Mordverdächtigen.

45. **A Matter of Time.** AIP, 1976. (C) R: *Vincente Minnelli.*
DB: John Gay; b/a: Roman von Maurice Druon.
Besetzung: Liza Minnelli, Charles Boyer.
Alternde Contessa (Bergman) erinnert sich in einem römischen Hotel an die Höhepunkte ihres Lebens.

46. **Höstsonaten** (›Herbstsonate‹). ITC, 1978. (C) R: *Ingmar Bergman.*
DB: Ingmar Bergman.
Besetzung: Liv Ullmann.
Gefeierte Pianistin (Bergman) gerät in einen Generationskonflikt mit ihrer Tochter.

Bibliographie

Agee, James: *Agee On Film.* Boston: Beacon Press, 1964.

»All-Time Boxoffice Champs.« *Variety,* 3. Januar 1973.

Behlmer, Rudy (Hrsg.): *Memo from David O. Selznick.* New York: The Viking Press, 1972.

Bogdanovich, Peter: *The Cinema of Alfred Hitchcock.* New York: The Museum of Modern Art, 1963.

»Captain Brassbound's Conversion.« *Time,* 1. Mai 1972.

»Captain Brassbound's Conversion.« *Variety,* 19. April 1972.

Corliss, Richard, ed.: *The Hollywood Screenwriters.* New York: Avon Books, 1972.

Davidson, Bill: *The Real and the Unreal.* New York: Harper & Brothers, 1961.

Guarner, José Luis: *Roberto Rossellini.* Übersetzt von Elizabeth Cameron. New York: Praeger Publishers, Inc., 1970.

Higham, Charles und Joel Greenberg: *The Celluloid Muse: Hollywood Directors Speak.* New York: New American Library, 1972.

Hollywood in the Forties. London: A. Zwemmer Limited, 1968.

Houseman, John: *Run-Through: A Memoir.* New York: Simon and Schuster, 1972.

Kerr, Walter: »Ravishing Bergman, Ravished Shaw.« *The New York Sunday Times,* 23. April 1972.

Lambert, Gavin: *On Cukor.* New York: G. P. Putnam's Sons, 1972.

Leprohon, Pierre: *The Italien Cinema.* Übersetzt von Roger Greaves und Oliver Stallybrass. New York: Praeger Publishers, Inc., 1972.

Jean Renoir. Übersetzt von Brigid Elson. New York: Crown Publishers, Inc., 1971.

Macgowan, Kenneth: *Behind the Screen: The History and Techniques of the Motion Picture.* New York: Dell Publishing Co., Inc., 1965.

Maddux, Rachel: *et al. Fiction Into Film: »A Walk in the Spring Rain.«* New York: Dell Publishing Co., Inc., 1972.

The New York Times Film Reviews: 1913 – 1968. Band 3, 4 und 5. New York: The New York Times Company, 1970.

Perry, George: *The Films of Alfred Hitchcock.* London: Studio Vista Limited, 1965.

Quirk, Lawrence J.: *The Films of Ingrid Bergman.* New York: The Citadel Press, 1970.

Ross, Lillian und Helen Ross: *The Player: a Profil of an Art.* New York: Simon and Schuster, 1962.

Sarris, Andrew, ed.: *Interviews with Film Directors.* New York: Avon Books, 1969.

Sennett, Ted: *Warner Brothers Presents.* New Rochelle: Arlington House, 1971.

Shipman, David: *The Great Movie Stars: The Golden Years.* New York: Crown Publishers, Inc., 1970.

Steele, Joseph Henry: *Ingrid Bergman: An Intimate Portrait.* New York: David McKay Company, Inc., 1959.

Taylor, John Russel: *Cinema Eye, Cinema Ear: Some Key Film-Makers of the Sixties.* New York: Hill and Wang, 1964.

Taylor, John Russel, ed.: *Graham Greene on Film: Collected Film Criticism, 1935 – 1939.* New York: Simon and Schuster, 1972.

Thomas, Bob: *Selznick.* Garden City, New York: Doubleday & Company, Inc., 1970.

Truffaut, François: *Hitchcock.* New York: Simon and Schuster, 1966.

Vizzard, Jack: *See No Evil: Life Inside a Hollywood Censor.* New York: Simon and Schuster, 1970.

Register